Heiko Wulfert

Die Pandemie und die Kirche auf dem Dorf

Heiko Wulfert

Die Pandemie und die Kirche auf dem Dorf

Fromm Verlag

Imprint

Cover image: Vom Autor bereitgestellt

Publisher:
Fromm Verlag
is a trademark of
International Book Market Service Ltd., member of OmniScriptum Publishing Group
17 Meldrum Street, Beau Bassin 71504, Mauritius
Printed at: see last page
ISBN: 978-613-8-36634-8

Ein Wort zuvor

Am 15. März, dem Sonntag Judika, feierte ich Gottesdienste in meinen beiden Gemeinden Kettenbach und Rückershausen. In manchen Gemeinden unseres Dekanates fielen wegen der Bedrohung durch die Pandemie schon Gottesdienste aus. Vollmundig kündigte ich an, daß bei uns keine Gottesdienste ausfallen würden, solange wir sie irgend feiern können. Noch am gleichen Tag traf uns das Versammlungsverbot, das auch Gottesdienste auf zunächst unbestimmte Zeit unmöglich machte.

Das hatte es noch nicht gegeben. Noch im Jahr zuvor hatten wir die gotische Aegidius-Kapelle in Rückershausen wieder eröffnet. Ein Jahr war sie wegen Restaurierungsarbeiten geschlossen gewesen. Mit dem Altarkreuz waren wir im letzten Gottesdienst ausgezogen und hatten von da an die Gottesdienste im Bürgerhaus gefeiert. Doch dann brannte das Bürgerhaus ab. Wie durch ein Wunder blieben die Altargeräte verschont. Doch wo sollten wir nun hin? Sofort hieß es: „Dann fällt eben der Gottesdienst aus". Das sollte aber nicht sein! Während der Sommerwochen feierten wir Gottesdienst auf dem Dorfplatz unter freiem Himmel und bei bleibend schönem Wetter. Was für ein Erlebnis, in großer Runde bei sommerlichem Wetter das Abendmahl zu feiern, während über uns die Schwalben flogen! Doch mit dem Herbst mußten wir uns weiter umsehen. In den Fabrikräumen des Ehepaars Drück in Rückershausen bat ich um Asyl für den Herrgott. Liebevoll richtete Frau Drück den Raum her, in dem wir nun neun Monate lang alle Gottesdienste und Andachten feierten. Das war eine Regelung, die sogar die Aufmerksamkeit der lokalen Presse erregte. Und schließlich konnten wir dem Altarkreuz wieder in unsere Kirche folgen und sie mit einem festlichen Gottesdienst wieder eröffnen. Aber Gottesdienst ausfallen lassen – das durfte es nicht geben.

Doch nun war es soweit. Wir mußten uns an die Vorgabe des Gesetzgebers halten. Zur Gottesdienstzeit läutete ich die Glocken und bat die Gemeindeglieder, zu dieser Zeit zu Hause zu beten. Dies Gebet, den kleinen Gottesdienst zu Hause, wollte ich unterstützen. Einige Kolleginnen und Kollegen stellten Videoandachten ins Internet. Ich weiß aber, daß ich viele der regelmäßigen Kirchgänger in meiner

Landgemeinde nicht über Internet erreiche. So blieb nur das gedruckte Wort. Für jeden Sonn- und Feiertag erstelle ich ein Faltblatt unter dem Titel „Kleiner Gottesdienst zu Hause“. Den Mitgliedern der Kirchenvorstände und des Kirchenchors sende ich die Blätter über Email zu. Viele drucken sie aus und geben sie auch an Andere weiter. In ein Ladengeschäft und die örtliche Apotheke bringe ich jede Woche die neuesten Blätter, wo sie dankbare Abnehmer finden.

Nun erwarten Viele den Glockenklang am Sonntag, zünden zu Hause eine Kerze an und lesen die Blätter. Rückmeldungen aus der Gemeinde zeigen mir, wie sie angenommen werden. „Wir lesen Ihre Blätter am Sonntag Morgen und das Wochenlied spiele ich dann auf dem Klavier“, sagte mir ein älteres Gemeindeglied.

Auf den Blättern findet man ein Eingangsgebet, das Wochenlied, den Predigttext mit einer Betrachtung und ein Fürbittengebet. Alles mußte auf ein Faltblatt passen, was dazu nötigte, die Betrachtung nicht zu lang werden zu lassen, sondern wichtige Aussagen in möglichst kurze und treffende Formulierungen zu fassen.

Seit dem 17. Mai feiern wir nun wieder Gottesdienste in den Kirchen. Der „Kleine Gottesdienst zu Hause“ wird aber fortgesetzt bis zum Ende der Corona-Maßnahmen. Er ist ein Stück unseres Gemeindelebens geworden.

Im Folgenden stelle ich die Gottesdienstblätter zusammen mit Gemeindebriefandachten und Notizen aus dem Gemeindeleben vor. Sie zeigen eine bewegte und an Erfahrungen reiche Zeit, in der auch die Krise zum Segen wurde.

Andacht im Gemeindebrief für Februar und März

Es ist das Wort ganz nahe bei dir, in deinem Munde und in deinem Herzen, daß du es tust. *(5. Mo. 30,14 – Monatsspruch Februar)*

Das fünfte Buch Mose zeigt uns das Volk Israel an der Grenze des verheißenen Landes. Mose, der die Israeliten aus Ägypten geführt hat, wird nicht mit ihnen in das Land einziehen. In einer großen Abschiedsrede legt er dem Volk die Gebote Gottes als die gute Ordnung für ihr Leben vor. Werden sie in dem Land, das Gott ihnen schenkt, nach Gottes guter Ordnung leben und in Seinem Bund bleiben, so werden sie gesegnet sein.

Bedenken erheben sich, Zweifel werden laut. Können wir all das beachten, was unser Gott will? Werden wir so unser Leben führen können oder wird es uns in unserer freien Entfaltung im neuen Lebensraum hindern? Werden wir in der bunten Vielfalt der Religionen bestehen können, die uns umgeben? Woher sollen wir immer wissen, was das Richtige ist?

Mose antwortet auf die Zweifel: Es ist das Wort ganz nahe bei dir, in deinem Munde und in deinem Herzen. Dieses Wort ist kein totes Wort, auf Gesetzestafeln gemeißelt oder zwischen Buchdeckeln eingeschlossen. Das Wort will erklingen, es wird gesprochen und zugesagt, nachgesprochen und bedacht. Es wird zum Gebet, das sich zu Gott wendet, zum Lied, das Ihm entgegen klingt, zum Bekenntnis vor der Welt. Es ist lebendiges Wort unter denen, die es hören, damit umgehen, daraus leben.

So senkt sich das Wort Gottes ins Herz des Menschen, will in seinem Leben sprechen, leiten, stärken, den Weg weisen, trösten, froh und gewiß machen. Der Prophet sagt von diesem Wort: „Dein Wort ward meine Speise, da ich's empfing, und Dein Wort ward meines Herzens Freude und Trost, denn ich bin ja nach Deinem Namen genannt, Herr, Gott Zebaoth" (Jer. 15,16).

Wenn das Wort das Herz durchdringt, durchdringt es auch den Alltag. Als tägliche Nahrung können wir das Wort Gottes aus der Heiligen Schrift empfangen, als Tageswort der Herrnhuter Losungen kann es mit uns gehen, im täglichen Gebet antworten wir dem Wort, das uns anspricht. Das tägliche Miteinander von Wort und Gebet will uns formen, unserem Alltag sein Gepräge geben und Menschen zum Segen füreinander werden lassen, wie Gott es für unser Leben will.

Zu dem täglichen Hören des Einzelnen, dem persönlichen Angesprochensein und Antworten gehört das gemeinsame Hören und Beten im Gottesdienst. Das lebendige Wort Gottes begegnet uns in der Verkündigung, im gemeinsamen Lied und Gebet und es wird sichtbares und erfahrbares Wort in der Feier der Sakramente. An jedem Sonntag, dem Herrentag, will das Wort Gottes uns ansprechen und dann an jedem Tag der Woche als lebendiges Wort mit uns gehen.

Es ist das Wort ganz nahe bei dir, in deinem Munde und in deinem Herzen, daß du es tust!

Erste Erfahrungen im „Lockdown“

Mit dem Verbot der Gottesdienste am 15. März bekamen die Gedanken dieser Gemeindebrief-Andacht einen unerwarteten Horizont. Die Gemeinde war nun nicht mehr über den Weg der Gemeinschaft in Wort und Sakrament zu erreichen. Die Predigt war ihr zunächst einmal genauso versperrt, wie die Feier der Sakramente.

In dieser Mangelsituation wurde stärker als sonst deutlich, wie sehr der Glaube in und aus der Gemeinschaft lebt. Da standen mir besonders die alleinstehenden Gemeindeglieder vor Augen. Eine ältere Dame, die zu den sonntäglichen Kirchgängern gehört, sagte mir, sie sei zwar dankbar, daß ihre Söhne das Einkaufen für sie übernehmen, doch nun sei sie nur noch in ihrem Haus und Garten und die Stille werde manchmal „sehr laut“.

Mit meiner Frau machte ich in diesen Frühlingstagen, so oft es möglich war, am Nachmittag kleine Spaziergänge. Immer wieder trafen wir Bekannte aus der

Gemeinde, blieben – mit gebührendem Abstand – stehen und tauschten einige Gedanken aus. Allen fehlte etwas, wenn sie auch diszipliniert die Weisungen akzeptierten, die nun einzuhalten waren.

Aus einer Familie mit vier Kindern hörte ich die dankbare Bemerkung, daß man in dieser großen Gemeinschaft zusammen sein dürfe. Die vier Mädchen hatten schon „vor Corona" sehr viel miteinander und in der Familie unternommen, so daß ein Raum des gemeinsamen Lebens blieb.

Das Altenheim in der Nachbargemeinde mußte für Besucher geschlossen werden. Wie sehr warteten da die Bewohner schon in „normalen" Zeiten auf Besuche. Nun war klar, daß für einige Zeit niemand würde kommen können.

Der Unterricht in meiner gymnasialen Oberstufe fiel aus. Neunzehn Schüler, die in die mündlichen Prüfungen kommen würden, konnte ich nur auf elektronischem Weg begleiten. Der lebendige Austausch in der großen Klasse mit 31 Schülern fehlt mir.

Der Konfirmandenunterricht konnte nicht mehr stattfinden – und dies nun gerade in einem Konfirmandenjahrgang, der sich besonders interessiert und offen gezeigt hatte. Die Konfirmandenstunden waren ihnen nie lange genug. Am Ende blieben sie immer noch und hatten etwas zu erzählen oder zu fragen. Bald zeigte es sich, daß wir auch ihre Konfirmation in das nächste Jahr verschieben mußten. Das ergab wenigstens die Chance, nach den Sommerferien noch Einiges gemeinsam zu erarbeiten.

Der Entwurf der „Kleinen Gottesdienste zu Hause" mußte in viele einzelne Situationen hineinsprechen, in Einsamkeit und Sprachlosigkeit, in Konflikte, die entstehen, wo Menschen auf engem Raum zusammenbleiben müssen, in die Sorgen des Alltags und die Befürchtungen angesichts der Pandemie.

Kleiner Gottesdienst zu Hause am Sonntag Palmarum

Im Namen des Vaters und des Sohnes und des Heiligen Geistes. Amen.

Gebet[1]:
Ewiger Gott, Dein Sohn ist in Jerusalem eingezogen, um aus freiem Willen für uns den Tod zu erleiden. Hilf uns, daß wir Ihm folgen auf Seinem Weg und das wahre Leben finden. Darum bitten wir durch Ihn, Christus, unseren Herrn, der mit Dir in der Einheit des Heiligen Geistes lebt und regiert in alle Ewigkeit. Amen.

Wochenlied: Herr, stärke mich, Dein Leiden zu bedenken (EG 91)

Predigttext Markus 14,3-9
Als Jesus in Betanien war im Hause Simons des Aussätzigen und saß zu Tisch, da kam eine Frau, die hatte ein Alabastergefäß mit unverfälschtem, köstlichem Nardenöl, und sie zerbrach das Gefäß und goss das Öl auf Sein Haupt. Da wurden einige unwillig und sprachen untereinander: Was soll diese Vergeudung des Salböls? Man hätte dieses Öl für mehr als dreihundert Silbergroschen verkaufen können und das Gold den Armen geben. Und sie fuhren sie an.

Jesus aber sprach: Lasst sie! Was bekümmert ihr sie? Sie hat ein gutes Werk an Mir getan. Denn ihr habt allezeit Arme bei euch, und wenn ihr wollt, könnt ihr ihnen Gutes tun; Mich aber habt ihr nicht allezeit. Sie hat getan, was sie konnte; sie hat Meinen Leib im Voraus gesalbt zu Meinem Begräbnis. Wahrlich, Ich sage euch: Wo das Evangelium gepredigt wird in der ganzen Welt, da wird man auch sagen zu ihrem Gedächtnis, was sie getan hat.

Liebe Schwestern und Brüder,

Der Predigttext zum Sonntag Palmarum zeigt uns, **was die Liebe vermag**. Da bricht eine Frau in eine Männergesellschaft ein, noch dazu eine Frau, die in den

[1] Alle Gebete und Fürbitten sind, soweit nicht anders vermerkt, entnommen aus: Ralf-Dieter Gregorius / Peter Schwarz (hg.); Die Feier der Evangelischen Messe; Göttingen 2009.

anderen Evangelien als „große Sünderin“ bezeichnet wird. Sie tut, was der Sitte nicht entsprach. Sie tut es, um Christus ihre ganze Hingabe zu bringen.

Sie sieht in Ihm den Christus, den Messias, den von Gott verheißenen König und Retter. Darum kommt sie mit dem königlichen Salböl, um Ihn festlich zu verehren. Sie überschreitet die Grenzen der Konvention und läßt sich vom Maulen der Männer nicht zurückhalten.

Die Reaktion der Jünger geschieht im Sinne fast protestantischer Schlichtheit: nur kein zu großer Aufwand. Dazu treten noch die Ansprüche der Moral, wie immer, wenn es an stichhaltigen Argumenten fehlt – man hätte, sollte, müßte, ja denkt sie denn nicht an die Armen?

Christus weist nicht die Frau zurecht, sondern Seine Jünger. Er nimmt die Salbung an, ja sie muß sogar sein. Doch Er deutet sie zugleich um. Die Königssalbung ist die Salbung zu Seinem Begräbnis: „*Das Kreuz ist der Königsthron, drauf man Dich wird setzen, Dein Haupt mit der Dornenkron bis bis in‘ Tod verletzen …*“.

Die Jünger mit ihrer Moral und ihrem Opferwillen werden versagen und Christus in der Not verlassen. Die Frauen bleiben treu. Sie stehen unter dem Kreuz: Maria, Seine Mutter, Maria Magdalena. Die Liebe geht den Weg mit selbst in den Tod, sie allein gibt die Kraft dazu – wie Christus aus Liebe in den Tod geht.

Der Evangelist nennt uns nicht den Namen der Frau, die Jesus gesalbt hat. Weil sie eine „Sünderin“ war? Vielleicht. Vor allem aber, damit Du Deinen Namen hier einsetzen kannst.

In den von Corona bestimmten Zeiten können wir mit Disziplin, Rücksichtnahme, den Mitteln der Wissenschaft und Forschung vieles tun. Am meisten aber vermag die Liebe, die für den Andern betet, sich für ihn einsetzt, seine Sorgen mit trägt – wie Christus uns getragen und sich aus Liebe für uns geben hat. Amen.

Fürbitten:

Im Frieden lasst uns beten zum Herrn:

Um Frieden für die ganze Welt und das Heil aller Menschen; um das Wachstum und die Einheit der Kirche und die Ausbreitung der Frohen Botschaft unter den Völkern; laßt uns rufen: Herr, erbarme Dich.

Für alle, die regieren bei uns und in aller Welt, daß sie ihre Aufgaben erfüllen zum Wohl der Menschen, Gerechtigkeit und Frieden schützen und dem Unrecht wehren; für sie laßt uns rufen: Herr, erbarme Dich.

Um Nahrung für alle Menschen und die Bereitschaft, miteinander zu teilen; um gerechten Lohn für jede Arbeit und eine menschenfreundliche Entwicklung in Technik und Wissenschaft, laßt uns rufen: Herr, erbarme Dich.

Für alle, die in Not und bedrängt sind, die Gottes Kraft und unsere Hilfe brauchen, für die Gefangenen, Heimatlosen und die am Rande der Gesellschaft stehen, für die Erkrankten und alle, die für sie sorgen, für die laßt uns rufen:

Herr, erbarme Dich.

Nimm Dich unser gnädig an, rette und erhalte uns, denn du bist unsere Hoffnung und liebst die Menschen, Dir sei alle Ehre, dem Vater, dem Sohn und dem Heiligen Geist, jetzt und allezeit und in Ewigkeit. Amen.

Vater unser …

Es segne und behüte uns der allmächtige und barmherzige Gott, Vater, Sohn und Heiliger Geist. Amen.

Verbunden mit Brüdern und Schwestern

Am Morgen des Palmsonntags läutete ich zum ersten Mal zur Gottesdienstzeit im Bewußtsein, daß nun kein Gottesdienst gefeiert werden würde. Ein Gemeindeglied kam dennoch zum Gebet. Wie am Palmsonntag üblich, standen Buchsbaumzweige zur Segnung auf dem Altar. Das gab die Möglichkeit, einigen Gemeindegliedern einen Gruß aus ihrer Kirche zukommen zu lassen, der dankbar angenommen wurde.

Am Nachmittag des Palmsonntags rief mich der emeritierte Limburger Weihbischof Gerhard Piechl an. Nach einem gemeinsamen ökumenischen Gottesdienst und damit verbundenen frohen Begegnungen verbindet uns eine Freundschaft. Er erzählte, er habe am Morgen in der bischöflichen Kapelle des Ordinariates allein die Messe gefeiert. Das sei traurig. Aber er habe sich mit allen Geschwistern verbunden gefühlt, auch mit seinem protestantischen Bruder. Gemeinschaft hat offensichtlich viele Formen.

Am Gründonnerstag hätten wir ein Agapemahl gefeiert, das in unserer Gemeinde sehr beliebt ist. Nach einem Lucernarium, dem festlichen Entzünden der Kerzen, erfolgt dann ein Tischsegen und ein einfaches gemeinsames Essen mit offenem Gespräch. Daran schließt sich eine Betrachtung zum Gründonnerstag und die Abendmahlsliturgie. Bei den Einsetzungsworten heißt es dann: „Unser Herr Jesus Christus, in der Nacht da Er verraten ward – und das ist heute …“. Die Gaben werden dann von Einem zum Anderen um den Tisch gereicht und jeder sagt es seinem Nachbarn persönlich zu: „Christi Leib, für dich gegeben – Christi Blut, für dich vergossen“. Es sind sehr anrührende Momente. Von mehreren Gemeindegliedern hörte ich, wie sehr diese Feier nun vermisst wird. Ich konnte ein kleines Tischabendmahl mit meiner Frau feiern.

Mit dem Läuten der großen Glocke am Karfreitag öffnete ich die Kirche, die bis zum Läuten in der Todesstunde um 15 Uhr geöffnet blieb. Für Einzelne, die zum Gebet kamen, brannte eine Kerze am Altar. In den vergangenen Jahren war die

Kirche an diesem Tag sehr gut besucht. An diesem Karfreitag empfand ich die hallende Leere in der Kirche schmerzhaft. Die Klänge von Bachs Johannes-Passion begleiteten meine Frau und mich bei der Betrachtung der Leidensgeschichte. Einzelne Gemeindeglieder melden sich nun telephonisch, um einfach ein paar Worte auszutauschen, Verbindung zu halten.

Kleiner Gottesdienst zu Hause am Karfreitag

Im Namen des Vaters und des Sohnes und des Heiligen Geistes. Amen.

Gebet:
Unbegreiflicher Gott, Dein Sohn hat nach Deinem Willen den Tod am Kreuz auf sich genommen und so die Macht des Todes und des Verderbens zerbrochen: Wir bitten Dich: Erwecke uns durch Seinen Tod zum Leben. Dir sei Ehre in Ewigkeit. Amen.

Wochenlied: O Haupt voll Blut und Wunden (EG 85, GL 289)

Predigttext 2. Kor. 5,19-21
Gott war in Christus und versöhnte die Welt mit Ihm selber und rechnete ihnen ihre Sünden nicht zu und hat unter uns aufgerichtet das Wort von der Versöhnung. So sind wir nun Botschafter an Christi statt, denn Gott ermahnt durch uns; so bitten wir nun an Christi statt: Laßt euch versöhnen mit Gott! Denn Er hat den, der von keiner Sünde wußte, für uns zur Sünde gemacht, auf daß wir in Ihm die Gerechtigkeit würden, die vor Gott gilt.

Liebe Schwestern und Brüder,

Corona nötigt uns zur Distanz voneinander. Viele vermissen die sozialen Kontakte und den Austausch mit Anderen. Dafür telephonieren wir mehr, schreiben

Emails oder sogar Briefe. Wir wollen die Verbindung zu den Menschen, die uns nahestehen und mit denen wir uns verbunden fühlen, nicht abbrechen lassen.

Wir kennen es aber auch, daß Beziehungen zerbrechen, Freundschaften auf schmerzhafte Weise enden, menschliches Gegenüber durch Streit, Ärger, Neid und Hass zerstört wird. Darunter leiden immer beide Seiten. Verhärten sich die Fronten, dann bricht feindliches Schweigen aus. Man redet nicht mehr miteinander und findet so auch keinen Weg zueinander.

Da brauchen wir jemanden, der Zerstrittene und voneinander Getrennte wieder miteinander versöhnt, der die Kälte und das Schweigen durchbricht und neue Wege zueinander gehen läßt. So kann Versöhnung geschehen.

Was Gott durch Christus an den Menschen getan hat, beschreibt der Apostel mit dem Wort Versöhnung. Die Menschen, fern von Gott, unter der Wolke Seines Zorns, im Gericht des göttlichen Schweigens, da Sein gutes Wort sie nicht mehr erreicht – sie werden durch Christus mit Gott versöhnt.

Am Karfreitag betrachten wir das Leiden und Sterben unseres Herrn. Wir stehen unter dem Kreuz, wo das Lamm Gottes schuldlos stirbt, sich hingibt in die Hände der Menschen und durch sie den schimpflichsten Tod erleidet. Und wir bekennen: „*Ich bin's, ich sollte büßen, an Händen und an Füßen gebunden in der Höll. Die Geißeln und die Banden und was Du ausgestanden, das hat verdienet meine Seel*".

Christus trägt unser Leid, unsere Sorge, unseren Schmerz, Er trägt, was Menschen einander antaten in Jahrtausenden, Er trägt unsere Lieblosigkeit und unsere Gottlosigkeit, Er trägt die Verzweiflung, in die wir geraten, wenn wir unsere Lage erkennen, Er trägt unsere Schuld. Er bittet für uns, wie Er für Seine Henker betet: „Herr, vergib ihnen, denn sie wissen nicht, was sie tun".

Gott versöhnt die Menschen mit sich selbst in Christus. Er richtet unter uns das Wort von der Versöhnung auf. Es ist das wirksame Wort, das ausrichtet, was es sagt: „Also hat Gott die Welt geliebt, daß Er Seinen eingeborenen Sohn gab, auf daß alle, die an Ihn glauben, nicht verloren werden, sondern das ewige Leben haben".

Aus den Menschen, die in der Gottesferne lebten, werden nun Freudenboten, Botschafter an Christi statt. Sie bezeugen es mit ihrem Leben und ihren Worten: Laßt euch versöhnen mit Gott! Er hat durch den Tod Christi Frieden mit uns geschlossen, Er hat den Fluch der Sünde und des Todes von uns genommen und Christus aus dem Grab auferweckt. Er schenkt neues Leben aus dem Glauben.

Wir sind Gott recht geworden, gerecht gesprochen von Ihm. So laßt uns auch einander recht werden. Wenn wir Christi Leib und Blut im Heiligen Mahl empfangen, werden wir eine Gemeinde aus Brüdern und Schwestern, versöhnt mit Gott und versöhnt untereinander.

Unter dem Kreuz beten wir: „O hilf, Christe, Gottes Sohn, durch Dein bitter Leiden, daß wir Dir stets untertan Sünd und Unrecht meiden, Deinen Tod und sein Ursach fruchtbar nun bedenken, dafür, wiewohl arm und schwach, Dir Dankopfer schenken“. Amen.

Fürbitten:

Gekreuzigter Jesus, durch Deine Liebe hilf uns und stärke uns, daß wir Dir nachfolgen in Sanftmut und Demut, daß wir unser Kreuz auf uns nehmen.

Gekreuzigter Jesus, durch Deine Liebe hilf uns und stärke uns, daß wir in der Verlassenheit zum Vater rufen, daß wir uns in Seine Hände befehlen, daß wir Glauben halten bis ans Ende.

Gekreuzigter Jesus, durch Deine Liebe hilf uns und stärke uns im Kampf gegen die Sünde, in der Stunde der Versuchung, im Dunkel der Anfechtung, in der letzten Not.

Gekreuzigter Jesus, durch Deine Liebe hilf uns und stärke uns.

Sammle unter Deinem Kreuz alle, für die Du gestorben bist. Führe herzu, die noch ferne sind. Rufe zurück, die Dich verloren haben. Bringe heim die Irrenden. Geh entgegen den Suchenden. Hilf uns, eins zu werden, daß wir einander lieben und einander von Herzen vergeben.

Jesus Christus, Du unser Friede, gib uns deinen Frieden. Amen.

Vater unser …

Es segne und behüte uns der allmächtige und barmherzige Gott, Vater, Sohn und Heiliger Geist. Amen.

Warum oder Wie?

Eine Erstarrung war zu bemerken. Die Berichte aus China kamen aus einer weiten Welt, die Bilder aus Italien waren deutlich näher. Dann kamen die explosionsartig anmutenden Infektionsketten in Deutschland. Die überwiegende Mehrzahl der Menschen sah die Notwendigkeit hygienischer Maßnahmen ein. Natürlich gab es auch Angstreaktionen und Leichtsinnigkeit. Erst mit einiger Verzögerung stellte sich die Frage nach dem „Warum" ein. Sollte die Kirche, zu deren Aufgaben die Lebensdeutung gehört, dazu nicht etwas zu sagen haben? Welches Wort des Trostes und der Hoffnung war den Menschen in der Not zu geben? Was konnte man dem italienischen Ehepaar sagen, das in diesem Sommer nicht zu den Verwandten würde reisen können und doch von Erkrankungen in der eigenen Familie erzählte?

Die allgemeinen kirchlichen Versicherungen, man wolle und könne hier nicht von einer „Strafe Gottes" reden, erschienen wie eine Abgrenzung der eigenen Unsicherheit. Wovon sollte man denn reden? Wie sollte man mit einem so verstörenden Wort umgehen, wie dem Satz aus dem Buch des Propheten Amos (3,6): „Geschieht etwa ein Unglück in der Stadt und der HERR hat es nicht getan?"

Die Rede vom nur lieben Gott wirkt schal in einer Zeit der Krise. Gott, der Urgrund des Lebens, erscheint den Menschen verborgen, schweigend in ihrer Not. Die Frage nach dem Warum verweigert sich einer Antwort. In der Heimsuchung durch die Pandemie können wir von diesem verborgenen Gott unsere Zuflucht nur bei dem durch Christus offenbarten himmlischen Vater nehmen, wohl wissend, daß es ein und derselbe Gott ist. Obwohl wir nicht verstehen werden, *warum* uns die Not begegnet, werden wir so doch den Weg finden, *wie* wir ihr begegnen. Aus der Not des Kreuzes führt uns der auferstandene Christus.

Gemeindebriefandacht für die Monate April und Mai

Deine Auferstehung, o Christe, Du Erlöser, besingen die Engel in den Himmeln. Verleihe uns auf Erden, mit reinem Herzen Dich zu loben. Vom Tode zum Leben und von der Erde zum Himmel hast du, Christus, unser Herr, uns hindurchgeführt. Lasset uns singen das Lied des Sieges. Es freue sich der Himmel / es juble die Erde / es feiere die ganze Welt, die sichtbare und die unsichtbare / denn Christus ist erwacht. Gestern bin ich begraben worden mit Dir, o Christe / heute werde ich wieder erweckt mit Dir, dem Auferstandenen. Gestern war ich mit Dir gekreuzigt / nun verherrlichst Du mich, o Heiland, in Deinem Lichte.

So beginnen die Fürbitten im Gottesdienst der Osternacht. Es ist eine hymnische Sprache. Die Bilder des erlebten Geschehens werden in wunderbarer Weise aneinandergereiht und bekennen Gott, was der Beter im Geheimnis der drei österlichen Tage des Leidens, Sterbens und Auferstehens Christi erleben darf. Am Höhepunkt der Tage, dem Fest der Auferstehung angelangt, klingt der Lobgesang der Engel in das Gebet der Kirche hinein, Himmel und Erde verbinden sich in der Anbetung des Heilands, der den Tod besiegt und das Leben wiedergebracht hat.

Ja noch mehr als das, die ganze Schöpfung stimmt sogar in das Lob ein, Himmel und Erde jubilieren. Auch sie sollen frei werden von der Knechtschaft des Todes. So bittet schon die erste Antiphon der Osternacht: „Sende aus Deinen Geist und das Antlitz der Erde wird neu". Die ganze Schöpfung soll von der Vergänglichkeit und dem Tod befreit werden.

Der Jubel dieses Gebetes erblüht aus dem, was der Beter im Weg durch Passion und Auferstehung selbst durchlebt hat: Mit Christus hat er am Tisch des Abendmahls gesessen und Brot und Kelch von Ihm empfangen. Mit Christus ging er in die dunkle Nacht von Gethsemane, wo der Heiland sich ohne Gegenwehr von Seinen Häschern gefangennehmen und abführen läßt. Er wird Zeuge des Prozesses vor dem Hohenpriester und vor Pilatus und erlebt, wie alle Jünger ihren Herrn verlassen.

In der Liturgie des Karfreitags geht er mit Christus unter dem Kreuz zum Hügel von Golgatha, hinein in die Nacht des Todes. Der Weg in die Passion ist der Weg in das Leiden und Sterben mit Christus. Das Evangelium verkündet: „… und er neigte das Haupt und verschied." Da neigt sich die schwiegende Gemeinde und die Osterkerze verlischt. Unter dem Kreuz singen wir betend: „Wenn ich einmal soll scheiden, so scheide nicht von mir".

Mit Christus werden wir begraben in den Tod. Nur durch den Tod führt der Weg in das Leben: „So hat es Gott gefallen, / so gibt Er sich uns allen. / Das Ja erscheint im Nein, / der Sieg im Unterliegen, / der Segen im Versiegen, / die Liebe will verborgen sein".

Und aus der Nacht des Grabes bricht der Jubel des Ostermorgens hervor. Auferweckt werden wir mit Christus zu unvergänglichem Leben, zum Jubel der erlösten Schöpfung mit der himmlischen Welt. Die Liturgie der österlichen Tage nimmt uns in das Geheimnis des Leidens, Sterbens und Auferstehens Christi hinein und läßt uns Seine Kraft mitten in unserem Leben erfahren. So will das österliche Evangelium nicht nur gehört, sondern erlebt werden, will uns zu Zeitgenossen der Ewigkeit machen.

Osterfeier und Osternacht

Der Gedanke daran, in diesem Jahr zum ersten Mal nicht die festliche Osternacht und die großen Gottesdienste an Ostern feiern zu dürfen, bedrückte nicht nur mich. In den vergangenen Jahren waren wir am Ostermorgen um 5.30 Uhr zusammengekommen. Die Chorsänger waren schon um 5 Uhr zum Einsingen da. In der dunklen Kirche begann der Gottesdienst mit Lesungen aus dem Alten Testament, Schweigezeiten und Zwischengesängen, als ob die Grabesruhe nur ganz allmählich durchbrochen werde. Draußen wurde es langsam heller und das erste Frühlied der Amsel klang durch das Fenster herein. Dann wird zu den Klängen einer leisen Orgelmeditation der Altar geschmückt. Mit dem Ruf „Christus, das Licht" wird die Osterkerze hereingetragen, das Evangelium gesungen, die Osterkerzen in den Händen der Gemeindeglieder werden entzündet. Da erhebt sich das große Geläut, während die Gemeinde singt: „Christ ist erstanden". Taufgedächtnis und die Feier des heiligen Mahles schließen sich an. Wenn wir den Gottesdienst mit den 11 Strophen von „Großer Gott, wir loben Dich" beschließen, waren wir zweieinhalb Stunden beisammen und zogen dann zum gemeinsamen Osterfrühstück - Ostern 2020 war da ein sehr stilles Fest.

Nach der Abendmahlsfeier am Gründonnerstag in der Form des Tischabendmahls mit gemeinsamer Mahlzeit und der Betrachtung der Leidensgeschichte am Karfreitag empfinden Gemeindeglieder diese Form der Osterfeier als etwas ganz Besonderes. Da wird Auferstehung spürbar, auf dem Weg von der Nacht ins Licht wird sie „inszeniert". Die heilige Taufe wird als Lebensquell erfahren, wenn beim Taufgedächtnis die versammelte Gemeinde gesegnet und mit Wasser aus dem Taufbecken besprengt wird. In der Feier des heiligen Mahles verbinden wir uns mit dem Auferstandenen. „Ich habe zuerst gar nicht gemerkt, daß es in dem Gottesdienst keine Predigt gab", sagte ein Gemeindeglied. Die Osternachtfeier ist so reich an sprechenden Symbolen, daß es keiner Predigt bedarf.

Das gilt noch mehr, wenn in der Osternacht auch Taufen stattfinden. Konfirmanden, die noch nicht getauft sind, biete ich gern die Osternacht als geeigneten Termin an. Am Anfang steht blankes Entsetzen, an Ostern so früh aufstehen zu sollen. Doch dann wächst die Neugier. Und schließlich bestätigen die Getauften, wie sehr sie diesen Gottesdienst als ein ganz besonderes Erlebnis für sich selbst empfunden haben.

Kleiner Gottesdienst zu Hause am heiligen Osterfest

Im Namen des Vaters und des Sohnes und des Heiligen Geistes. Amen.

Gebet:
Allmächtiger, ewiger Gott, durch Deinen Sohn hast Du den Tod besiegt, schenkst Leben und öffnest das Tor zum Himmel: Lenke unsere Schritte, daß wir zur vollkommenen Freiheit finden und zum ewigen Leben gelangen. Durch Jesus Christus, unsern Herrn, Er lebt mit Dir und dem Heiligen Geist und schenkt Leben in Ewigkeit. Amen.

Wochenlied: Christ lag in Todesbanden (EG 101)

Predigttext 1. Kor. 15,19-28

Hoffen wir allein in diesem Leben auf Christus, so sind wir die elendesten unter den Menschen. Nun aber ist Christus auferweckt von den Toten als Erstling unter denen, die entschlafen sind. Denn da durch einen Menschen der Tod gekommen ist, so kommt auch durch einen Menschen die Auferstehung der Toten. Denn wie sie in Adam alle sterben, so werden sie in Christus alle lebendig gemacht werden. Ein jeder aber in der für ihn bestimmten Ordnung: als Erstling Christus; danach die Christus angehören, wenn Er kommen wird; danach das Ende, wenn Er das Reich Gott, dem Vater, übergeben wird, nachdem Er vernichtet hat alle Herrschaft und alle Macht und Gewalt.

Denn Er muß herrschen, bis Gott „alle Feinde unter Seine Füße gelegt hat“. Der letzte Feind, der vernichtet wird, ist der Tod. Denn „alles hat Er unter Seine Füße getan“. Wenn es aber heißt, alles sei Ihm unterworfen, so ist offenbar, daß der ausgenommen ist, der Ihm alles unterworfen hat. Wenn aber alles Ihm untertan sein wird, dann wird auch der Sohn selbst untertan sein dem, der Ihm alles unterworfen hat, auf daß Gott sei alles in allem.

Liebe Schwestern und Brüder,
In Zeiten der Krise zeigt es sich, was Glauben bedeutet.

Paulus schreibt an seine schwierige Gemeinde in Korinth in Zeiten der Krise. Dort gab es viel Fragen, Probleme, Streitpunkte. Einer darunter ging dem Glauben und Vertrauen an die Wurzel: Verstört durch den Tod lieber Menschen zweifelten Einige und sagten, es werde keine Auferstehung geben. Der Glaube an Christus diene nur in diesem Leben als Vorbild der Hoffnung.

In Christus also einen beeindruckenden Lehrer, ein ethisches Vorbild, einen Streiter gegen falsche Frömmigkeit zu sehen - das hieße, nur in diesem Leben auf Christus zu vertrauen. Paulus hält dem sein klares Zeugnis entgegen: „Nun aber ist Christus auferweckt von den Toten". Er ist der Erste, der Anfang des neuen Schöpfungswerkes Gottes. Da wird nicht Neues auf Altes geflickt, da ruft Gottes Geist alles in ein neues Leben, in die neue Welt Gottes, in der es kein Leid und keinen Tod mehr gibt.

In unsere Welt hinein ist Christus auferweckt worden. Noch ist sie gezeichnet von der Herrschaft des Todes, von dem Leid, das Menschen sich und Anderen antun. Doch mit dieser Herrschaft wird es ein Ende haben. Christus ist von den Toten auferweckt. Ihm werden alle folgen, wenn sie Gott am Jüngsten Tag ins Leben rufen und Christus alle Herrschaft in die Hände des Vaters zurücklegen wird. Dann wird Gott sein „alles in allem".

Zu dieser Zukunft sind wir unterwegs auf den Wegen dieser Welt, in der Heiligen Taufe beschenkt mit ewigem Leben, genährt durch das Brot des Lebens und den Kelch des Heils, angesprochen durch das Wort des Erlösers. Nichts Geringeres ist der Grund unseres Glaubens, das Ziel unserer Hoffnung, die Kraft unserer Liebe.

Er ist der Erst, der stark und fest / all unsre Feind hat bezwungen / und durch den Tod als wahrer Gott / zum neuen Leben gedrungen, / auch Seiner Schar verheißen klar / durch Sein rein Wort, zur Himmelspfort / desgleichen Sieg zu erlangen. Amen.

Fürbitten:

Zu Christus, dem auferstandenen Herrn, laßt uns beten: Herr, erhöre uns.

Herr Jesus Christus, durch Deine Auferstehung öffnest Du das Tor des Himmels. Führe uns zur Herrlichkeit des Vaters. Wir rufen: Herr, erhöre uns.

Durch Deine Auferstehung festigst Du den Glauben Deiner Jünger und sendest sie in die Welt. Lass Deine Kirche treu die frohe Botschaft verkünden. Wir rufen: Herr, erhöre uns.

Durch Deine Auferstehung versöhnst Du uns in Deinem Frieden. Schenke allen Getauften die volle Gemeinschaft des Glaubens und der Liebe. Wir rufen: Herr, erhöre uns.

Durch Deine Auferstehung erneuerst Du die ganze Schöpfung und erfüllst sie mit Jubel. Überwinde die Mächte des Todes und des Verderbens. Wir rufen: Herr, erhöre uns.

Durch Deine Auferstehung heilst Du unsere menschliche Natur und schenkst uns unvergängliches Leben. Stärke die Kranken und offenbare an ihnen Deinen Sieg. Wir rufen: Herr, erhöre uns.

Durch Deine Auferstehung überwindest Du die Pforten der Hölle. Gib allen, die auf dich hoffen, Anteil an Deinem Sieg. Wir rufen: Herr, erhöre uns.

Christus Du bist auferstanden von den Toten. Dich preisen wir mit dem Vater und dem Heiligen Geist heute und in alle Ewigkeit. Amen.

Vater unser …

Es segne und behüte uns der allmächtige und barmherzige Gott, Vater, Sohn und Heiliger Geist. Amen.

Auf Wiedersehen im Himmel

Die Erinnerung an die erste Osternacht in den Gemeinden verbindet sich mit der kleinen alten Dame, die fast jeden Gottesdienst besuchte. Wegen einer Gehbehinderung war sie mit zwei Krücken unterwegs. Wenn ich ihr nach dem Gottesdienst anbot, sie nach Hause zu fahren, sagte sie jedesmal mit entschiedener Stimme: „Ich laufe!“ Nur diese Disziplin erhielt ihr das Maß an Beweglichkeit, das es ihr erlaubte, ihr Leben alleinstehend im eigenen Haus zu führen. Unterstützung aus ihrem Familienkreis, besonders von ihrer Enkelin, fügte das Nötige hinzu.

Als die Gemeinde sich entschieden hatte, eine Weihnachtskrippe anzuschaffen, konnte sie während der ganzen Weihnachtszeit wegen einer schweren Erkrankung nicht kommen. Als wir nach dem Gottesdienst am Fest der Darstellung Christi im Tempel (2. Februar) Weihnachtsbaum und Krippe abbauten, fuhr ich noch einmal zu ihr nach Hause und baute die Krippe mit ihren großen Holzfiguren in ihrem Wohnzimmer auf. Sie war glücklich. „Jetzt habe ich meinen Weihnachtsgottesdienst zu Hause gehabt!“

Vor der ersten Osternachtfeier sagte sie mir, sie werde so früh nicht dabei sein können, da sie erst das Haus verlasse, wenn ihre Enkelin ihr beim Ankleiden geholfen habe. Sie feierte Gründonnerstag und Karfreitag mit und wünschte dann alles Gute für die Osternachtfeier. Als ich dann am frühen Morgen kurz nach 5 Uhr zur kleinen Rückershäuser Kirche ging, da war sie trotzdem schon da und erzählte mir glücklich, ihre Enkelin sei extra früh gekommen, um ihr diesen Gottesdienstbesuch zu ermöglichen. Beim Osterfrühstück strahlte sie Zufriedenheit aus: „Ich bin so froh, daß ich das erleben durfte“.

Sie entschloss sich schließlich selbst in dem ihr eigenen praktischen Sinn, ihr Haus zu verlassen und in ein Seniorenheim zu ziehen. Dort lebte sie noch wenige Jahre und ich konnte sie besuchen. Dankbar erzählte sie immer wieder, wie freundlich sie behandelt werde. Schließlich sagte mir ein Gemeindeglied, daß die alte Dame mich bitten lasse, noch einmal zu ihr zu kommen. Ihre Kräfte nahmen ab und sie mußte liegen. Trotzdem strahlte sie immer noch eine erstaunliche Zufriedenheit aus. Als wir uns verabschiedeten, schaute sie mich an und sagte: „Herr Pfarrer, auf Wiedersehen im Himmel!“

Keine drei Wochen später hatte ich sie zu beerdigen. Die Ansprache in der Trauerfeier verband ich mit ihrem letzten Gruß: „Auf Wiedersehen im Himmel!“

Kleiner Gottesdienst zu Hause am ersten Sonntag nach Ostern (Quasimodogeniti)

Im Namen des Vaters und des Sohnes und des Heiligen Geistes. Amen.

Gebet:
Allmächtiger Gott, durch Deine Gnade sind wir von neuem geboren zu einer lebendigen Hoffnung. Erfülle uns mit Deinem Geist, daß wir unserem auferstandenen Herrn Jesus Christus folgen, der mit Dir und dem Heiligen Geist lebt und regiert von Ewigkeit zu Ewigkeit. Amen.

Wochenlied: Der schöne Ostertag – EG 117

Predigttext: Jes. 40,26-30
Hebt eure Augen auf in die Höhe und seht! Wer hat all dies geschaffen? Er führt ihr Heer vollzählig heraus und ruft sie alle mit Namen: Seine Macht und starke Kraft ist so groß, daß nicht eins von ihnen fehlt. Warum sprichst du denn, Jakob, und du, Israel, sagst: „Mein Weg ist dem HERRN verborgen, und mein Recht geht an meinem Gott vorüber“? Weißt du nicht? Hast du nicht gehört? Der HERR, der

ewige Gott, der die Enden der Erde geschaffen hat, wird nicht müde noch matt, Sein Verstand ist unausforschlich. Er gibt dem Müden Kraft und Stärke genug dem Unvermögenden. Jünglinge werden müde und matt und Männer straucheln und fallen; aber die auf den HERRN harren, kriegen neue Kraft, daß sie auffahren mit Flügeln wie Adler, daß sie laufen und nicht matt werden, daß sie wandeln und nicht müde werden.

Liebe Schwestern und Brüder,
Wir erleben eine Zeit, wie es sie in unserem Land und der ganzen Welt so noch nicht gegeben hat. Durch die Möglichkeiten der Globalisierung begünstigt, hat sich ein Virus ausgebreitet, das unser Leben in vielerlei Hinsicht zumindest auf Zeit radikal verändert hat. Unsicherheit und Angst begegnen uns. Wie verhält man sich verantwortlich? Wie wird das weitergehen? Was kann noch auf uns zukommen? **Worauf können wir uns verlassen?**

Im Predigtabschnitt spricht der Prophet zu einem geschlagenen und verzweifelten Volk. Sollte Israel noch an seine Erwählung glauben, wenn es der feindlichen Macht und ihren Götzen unterlegen ist? Sollte das Volk seinem Gott auch im Land der Verbannung treu bleiben? Oder mußte es der Faszination erliegen, die von den Göttern der Sieger ausging? Not lehrt beten, doch Not kann auch das Fluchen lehren: „Mein Weg ist dem HERRN verborgen, und mein Recht geht an meinem Gott vorüber". Man läßt die Köpfe hängen, der Blick richtet sich nach unten.

Der Prophet gibt seinem Volk eine andere Perspektive: „Hebt eure Augen auf in die Höhe und seht!" Ihr seid umgeben von den Wundern der Schöpfung. So wie Gott Nacht um Nacht das Heer der Sterne aufgehen läßt und einen jeden bei seinem Namen kennt, so will Er sich auch Seiner Menschen annehmen. Menschlichen Kräften sind Grenzen gesetzt: „Jünglinge werden müde und matt und Männer straucheln und fallen". Zweifel und Verzweiflung, Niedergeschlagenheit und Angst drücken zu Boden. Die entscheidende Gegenkraft ist das Vertrauen: „die auf den HERRN trauen, kriegen neue Kraft". Wie ein Adler, der mit erneuertem Gefieder zur Sonne auffliegt, so kann ein Mensch sich durch das Vertrauen wieder Gott zuwenden, aus Niederlagen aufstehen, aus Zweifel und Unsicherheit heraus einen festen Stand finden und zuversichtlich in die Zukunft schauen.

Ein Beispiel für diese Zuversicht in schwerer Zeit ist für mich der Michaelsbruder Arno Pötzsch. Er kam im Mai 1940 als Marinepfarrer nach Den Haag. Dort erlebte er die Schrecken des Krieges und das Leiden der Zivilbevölkerung. Zu seinen Aufgaben gehörte es, Verurteilte zur Hinrichtung zu begleiten und ihnen den letzten Beistand zu gewähren – eine Aufgabe, an der er immer wieder zu zerbrechen drohte.

In seiner Not schrieb er Gedichte, die er als Bekenntnis und Gebet veröffentlichte. Einige davon finden sich als Lieder in unserem Gesangbuch, darunter „Meinem Gott gehört die Welt“. Getragen von einer Melodie, die die Schlichtheit eines Kinderliedes trägt, erklingen hier Worte von großer Tiefe, die genau gehört, nachgesprochen und mit Leben erfüllt werden wollen. Hier zeigt sich die letzte und tiefste Geborgenheit des Dichters Pötzsch, die ihn über den Abgrund aller Schrecken hinweggetragen hat. Hier zeigt sich, **worauf auch wir uns verlassen können**:

Meinem Gott gehört die Welt, / meinem Gott das Himmelszelt, / Ihm gehört der Raum, die Zeit, / Sein ist auch die Ewigkeit.

Und Sein eigen bin auch ich, / Gottes Hände halten mich / gleich dem Sternlein in der Bahn; / keins fällt je aus Gottes Plan.

Wo ich bin, hält Gott die Wacht, / führt und schirmt mich Tag und Nacht; / über Bitten und Verstehn / muß Sein Wille mir geschehn. …

Lieber Gott, Du bist so groß / und ich lieg in Deinem Schoß / wie im Mutterschoß ein Kind; / Liebe deckt und birgt mich lind.

Leb ich, Gott, bist Du bei mir, / sterb ich, bleib ich auch bei Dir, / und im Leben und im Tod / bin ich Dein, Du lieber Gott. Amen.

Fürbitten:

Barmherziger Gott, durch Jesus Christus hast Du uns zum Heil und zur Freude berufen. Durch Ihn bitten wir Dich: Mehre uns den Glauben.

Schenke der Kirche neu die Erfahrung deiner Gegenwart und den Getauften ein Vertrauen, das alles von dir erwartet. Wir rufen zu Dir: Mehre uns den Glauben.

Schenke der Welt den Frieden, den sie sich selbst nicht geben kann; gib uns Deinen Geist, daß wir Deinen Weg und Willen erkennen. Wir rufen zu Dir:
Mehre uns den Glauben.

Gib Hoffnung den Kranken und lass das österliche Licht in ihren Herzen aufscheinen. Denen, die für sie da sind, gib Kraft, Geduld und Liebe. Wir rufen zu Dir:
Mehre uns den Glauben.

Schenke unvergängliches Leben denen, die uns im Tode vorausgegangen sind, und vollende sie in deinem Licht. Wir rufen zu dir: Mehre uns den Glauben.

Lebendiger Gott: überwinde unsere Zweifel und stärke in uns das Vertrauen auf Jesus Christus, unseren Herrn. Amen.

Vater unser …

Es segne und behüte uns der allmächtige und barmherzige Gott, Vater, Sohn und Heiliger Geist. Amen.

Versammelt um den Tisch des Herrn

Die Gemeinschaft der Gottesdienstfeiern war durch die Pandemie unterbrochen. Die „kleinen Gottesdienste" überbrückten diesen Zustand ein wenig, konnten aber die wirkliche und erfahrbare Gemeinschaft der gottesdienstlichen Feier nicht ersetzen. Gemeindeglieder aus Rückershausen verbanden das mit einem eigenen gottesdienstlichen Erleben, das wir nach der Restaurierung der Aegidius-Kirche ermöglichten.

In den Beratungen des Kirchenvorstandes vor den Restaurierungsmaßnahmen hatten wir uns entschlossen, den Altarraum umzugestalten. Die Rückwand, die bisher in einem unruhigen Kassettenmuster gehalten war, sollte etwas zurückgesetzt und durch eine ruhige, helle Holzwand ersetzt werden. Den kleinen Holzaltar wollten wir in die Mitte des Altarraumes stellen, so daß der Liturg hinter dem Altar mit dem Blick zur Gemeinde feiern und sich bei den Gebeten nicht jedes Mal umdrehen mußte. Der gotische Kruzifixus, der bisher an der Rückwand des Altares befestigt war, erhielt einen eigenen Fuß und steht nun hinter dem Liturgen.

Dies ist die Anordnung des Altarraumes, die Martin Luther in seiner Messreform verlangt. Im evangelischen Kirchenbau kam man dieser Forderung höchst selten nach. Nun hatten wir in Rückershausen den Altar, vor dem sich der Liturg zu Beginn des Gottesdienstes verneigt, ihn umschreitet, um dann mit Blick zur Gemeinde hinter dem Altar zu stehen. So hatten wir es auch in der Zwischenzeit gehalten, als wir nicht in der Kirche feiern konnten. Die Gemeinde war das Bild schon gewohnt.

Nun ergab sich aber noch eine Besonderheit: feierte die Gemeinde das Abendmahl in einem großen Kreis um den Altar, so stand das Kreuz Christi in diesem Kreis. „So feiern wir ja mit Jesus Christus“, formulierte ein Gemeindeglied. In unserer lieben kleinen Kirche haben wir so erlebt, wie das Erlebnis des Raumes zum Gottesdienst gehört.

Kleiner Gottesdienst zu Hause am zweiten Sonntag nach Ostern (Misericordias Domini)

Im Namen des Vaters und des Sohnes und des Heiligen Geistes. Amen.

Gebet:
Gott des Friedens, du hast Jesus Christus, den guten Hirten, von den Toten auferweckt und rufst uns zu Seiner Herde. Gib uns Deinen Geist, daß wir Seine Stimme erkennen und Ihm folgen, unserm Herrn Jesus Christus, der mit Dir und dem Heiligen Geist lebt und regiert von Ewigkeit zu Ewigkeit. Amen.

Wochenlied: Der Herr ist mein getreuer Hirt – EG 274

Predigttext: 1. Petr. 2,21-25
Christus hat für euch gelitten und euch ein Vorbild hinterlassen, daß ihr sollt nachfolgen Seinen Fußstapfen; Er, der keine Sünde getan hat und in dessen Mund sich kein Betrug fand; der, als er geschmäht wurde, die Schmähung nicht erwiderte, nicht drohte, da Er litt, es aber dem anheimstellte, der gerecht richtet; der unsere Sünden selbst hinaufgetragen hat an Seinem Leibe auf das Holz, damit wir, den Sünden abgestorben, der Gerechtigkeit leben. Durch Seine Wunden seid ihr heil geworden. Denn ihr wart wie irrende Schafe; aber ihr seid nun umgekehrt zu dem Hirten und Bischof eurer Seelen.

Liebe Schwestern und Brüder,
Wie geht es weiter? Wann ist ein Ende der Krise abzusehen? Wann dürfen Großeltern und Enkelkinder einander wiedersehen? Wann dürfen wir wieder angstfrei und fröhlich miteinander feiern? Und verhalten wir uns jetzt richtig? Haben wir etwas übersehen und waren nachlässig und haben damit uns und Andere in Gefahr gebracht?

„Wie die irrenden Schafe …“ – die Unsicherheit erscheint immer wieder als ein Teil unseres Lebens. Das kann uns in dieser stillen Zeit noch deutlicher werden, wenn wir auf so Manches verzichten müssen, was sonst unseren Alltag bestimmt hat. Was vermissen wir schmerzlich, was können wir entbehren, was war vielleicht ganz übertrieben und unnötig? Können wir unsere Träume erfüllen oder verfehlen wir gesetzte Ziele?

Das griechische Wort für „Sünde“, das sich im Predigtabschnitt findet, stammt ursprünglich aus der Ballistik und bedeutet „das Ziel verfehlen“. Es sind also nicht einzelne falsche Handlungen gemeint, kleine oder große Verfehlungen, die man aufrechnen oder in irgendeiner Art ausgleichen könnte. Es geht um das Ganze, darum, ob Leben gelingt oder ob sein Sinn verfehlt wird und ob es dann nicht gelingt, das zum Blühen und Leben zu bringen, was unser Schöpfer an guten Gaben und Möglichkeiten in uns angelegt hat.

Wie kann das Leben wirklich gelingen? Wie finden wir in den Zeiten der Krise zu der Zuversicht, die wir brauchen, um innere Ruhe und Kraft zu verantwortlichem Handeln zu finden? Der Apostel weist auf Christus: Er hat uns ein Vorbild hinterlassen, dem wir nachfolgen können.

Doch dieses Vorbild ist nicht die Kraft, das Durchsetzungsvermögen, das Recht des Stärkeren. Das Vorbild, das Christus gibt, ist das Vorbild des Liebenden. Uns Menschen gilt Seine Liebe und um unseretwillen wird Er machtlos. Er beantwortet die Schmähung nicht mit einer Verteidigung, erwidert nichts auf die Drohung, die Ihm begegnet. Er gibt sich in die Hände der Menschen – und trägt alles, was sie zu tragen haben. Er wird einer von uns. Was unser Leben umdunkelt, hemmt und zerstören will, das nimmt Er auf sich und trägt es auf das Holz des Kreuzes.

So wird Er zum „Hirten und Bischof" unserer Seelen. Der Sonntag Misericordias Domini steht ganz in diesem Hirtenbild: Christus, der sich für die Seinen gegeben hat, Christus der die Seinen führt, das sie das Leben in seiner ganzen Fülle finden, Christus, der die Seinen als Brüder und Schwestern zueinander weist, Christus, der den Seinen Zukunft und Hoffnung und eine ewige Heimat schenkt.

Wir fragen, wie es weiter geht, was geschehen soll, geschehen muß, um eine Veränderung der Lage zu bringen. Das Bild vom guten Hirten sagt uns, **mit wem es weitergeht**. Christus sagt: „Meine Schafe hören Meine Stimme – und Ich kenne sie und sie folgen Mir und Ich gebe ihnen das ewige Leben". Und wir antworten mit den Worten von Paul Gerhard: „Ich wandre meine Straße, die zu der Heimat führt, da mich ohn alle Maße mein Vater trösten wird". Amen.

Fürbitten:

Gott, du Hirte und Hüter deines Volkes. Wir bringen Dir unsere Bitten:
Herr, erhöre uns.

Für alle, die Dir in Deiner Kirche dienen: Sei ihnen nahe und hilf ihnen, daß sie denen, die ihnen anvertraut sind, vorangehen im Glauben, in der Hoffnung und in der Liebe. Wir rufen: Herr, erhöre uns.

Wir beten für alle, die sich auf einen Dienst in der Kirche vorbereiten: Schenke ihnen den Heiligen Geist, daß sie Dein Wort hören, verstehen und ihm folgen. Wir rufen: Herr, erhöre uns.

Wir beten für die Männer und Frauen, die Verantwortung tragen in Staaten, Ländern und Gemeinden: Lass ihr Tun und Planen dem Wohl aller Menschen dienen. Wir rufen: Herr, erhöre uns.

Wir beten für die Kranken und die alt Gewordenen. Lass sie Deine Nähe erfahren auch durch die Hilfe der Menschen, die für sie sorgen und sie pflegen. Wir rufen:
Herr, erhöre uns.

Wir beten für unsere Verstorbenen: Lass sie ruhen in Frieden und vollende uns einst mit ihnen in Deiner Herrlichkeit. Wir rufen: Herr, erhöre uns.

Höre uns, lebendiger Gott, und erhöre uns, darum bitten wir durch Jesus Christus, unsern Herrn.

Vater unser …

Es segne und behüte uns der allmächtige und barmherzige Gott, Vater, Sohn und Heiliger Geist. Amen.

Kleiner Gottesdienst zu Hause am dritten Sonntag nach Ostern (Jubilate)

Im Namen des Vaters und des Sohnes und des Heiligen Geistes. Amen.

Gebet: Gott, Du Schöpfer aller Dinge. Wie Du alljährlich das Angesicht der Erde erneuerst, so willst Du die Welt erneuern, die der Sünde und dem Tode verfallen ist. Gib, daß wir den Anfang des wahren Lebens in Deinem Sohn erkennen und auferstehen zu einem Leben mit Dir. Wir bitten durch Jesus Christus, unsern Herrn, der mit Dir und dem Heiligen Geist lebt und regiert in Ewigkeit. Amen.

Wochenlied: Die ganze Welt, Herr Jesu Christ – EG 110

Predigttext: Joh. 15,1-8
Christus spricht: Ich bin der wahre Weinstock und Mein Vater der Weingärtner. Eine jede Rebe an Mir, die keine Frucht bringt, nimmt Er weg; und eine jede, die Frucht bringt, reinigt Er, daß sie mehr Frucht bringe. Ihr seid schon rein um des Wortes willen, daß Ich zu euch geredet habe. Bleibt in Mir und Ich in euch. Wie die Rebe keine Frucht bringen kann aus sich selbst, wenn sie nicht am Weinstock bleibt, so auch ihr nicht, wenn ihr nicht an Mir bleibt. Ich bin der Weinstock, ihr seid die Reben. Wer in Mir bleibt und Ich in ihm, der bringt viel Frucht; denn ohne Mich könnt ihr nichts tun. Wer nicht in Mir bleibt, der wird weggeworfen wie eine Rebe und verdorrt und man sammelt die Reben und wirft sie ins Feuer und sie verbrennen. Wenn ihr in Mir bleibt und wenn Meine Worte in euch bleiben, werdet ihr bitten, was ihr wollt, und es wird euch widerfahren. Darin wird Mein Vater verherrlicht, daß ihr viel Frucht bringt und werdet Meine Jünger.

Liebe Schwestern und Brüder,
Voller Veränderungen sind die Wege des Lebens, auf Vieles haben wir selbst Einfluß, anderes bleibt unserem Vermögen entzogen. Die Corona-Pandemie zeigt uns, wie schnell es geschehen kann, daß wir Veränderungen ohnmächtig hinnehmen und mit einer großen Reihe von Schutzmaßnahmen und persönlichen Einschränkungen leben müssen. Wir brauchen Energie, um nötige Veränderungen anzupacken, und wir brauchen die Geduld, zu ertragen, was wir nicht ändern

können. Ob uns das möglich ist, entscheidet sich an dem Grund, auf dem wir stehen, an dem Boden, in dem unser Leben wurzelt. **Aus welcher Quelle nährt sich unser Leben?**

Im Bild vom Weinstock spricht Christus von einer lebendigen Verbindung. Aus dem Weinstock empfängt die Rebe die Kraft, Frucht zu treiben. Ohne den Weinstock wäre sie leblos und wertlos. Nur am Weinstock geschieht das Wunder des Blühens und Fruchttragens. Sah man im zeitigen Frühjahr nur scheinbar totes Holz, so begrünt es sich doch bald, blüht und trägt seine Früchte in reichen Pergeln – ein Bild für gedeihendes, gelingendes Leben.

Jesus sagt von sich selbst, Er sei gekommen, daß wir das Leben in seiner ganzen Fülle haben sollen. Dieses Leben ist in der Bindung an Christus zu finden, die wir Glauben nennen. Es ist das herzliche Vertrauen zu Ihm als dem gekreuzigten und auferstandenen Gottessohn, das sich Ihm in Leben und Tod anvertraut. Dieses Vertrauen folgt Christus auf Seinem Weg nach, hört Gottes Wort und lebt es in den Taten der Liebe und Barmherzigkeit. Dieses Vertrauen legt Gott im Gebet alles in die Hände, was unser Leben bedrängen und ängstigen will. Dieses Vertrauen ergreift zuversichtlich den Augenblick zu Wort und Tat, wenn dies geboten ist, und überwindet alle falsche Scheu.

Gelingendes Leben im Glauben an Jesus Christis wird furchtbares Leben sein. Es sind die Früchte des Glaubens, der Liebe und der Hoffnung, von denen wir alle leben. Da sind unsere Eltern, die uns in der Taufe Gott anvertraut haben. Da sind die Menschen, die uns das Beten lehrten. Da sind die Vorbilder, an denen wir uns ausgerichtet haben. Und so bringen wir auch selbst Frucht in unserer Fürbitte für Andere, in den guten Gedanken, die in freundliche Gesten und hilfreiche Taten umgesetzt werden. Wenn wir achtsam diese feinen Beziehungen des Lebens, das Nehmen und Geben betrachten, dann wird unser Blick auf den Geber aller guten Gaben gelenkt und das Vertrauen wird weiter gestärkt. **Wir leben nicht vom Brot allein, sondern vom Wort des Evangeliums, von der Liebe, die sich wagt, von der Hoffnung, die zur Tat wird, von dem Vertrauen, das hinter dem Dunkel des Todes das Licht des ewigen Lebens sieht.** Amen.

Fürbitten:

Ewiger Gott, Du hast Jesus von den Toten auferweckt. Im Vertrauen auf Ihn rufen wir zu Dir: Herr, erbarme Dich.

Lass die Kirche in aller Welt den Sieg Deines Sohnes bezeugen. Mache unsere Gemeinden und Gemeinschaften zu Orten, an denen Sein Leben erfahrbar wird. Wir rufen Dich an: Herr, erbarme Dich.

Wir bitten für die Männer und Frauen, die sich einsetzen im Kampf gegen Hunger und Krankheit; für alle, die sich mühen um Versöhnung und Gerechtigkeit. Schenke ihrem Suchen und Streben Deinen Segen. Wir rufen Dich an: Herr, erbarme Dich.

Wir bitten für diese Erde, die Du geschaffen hast; lass uns in Ehrfurcht umgehen mit dem, was Du uns anvertraust: mit den Gaben der Natur, unserer Gesundheit und den Möglichkeiten der Kultur und Technik. Wir rufen Dich an: Herr, erbarme Dich.

Wir bitten für alle, die in ihrem Leben keinen Sinn finden; die sich flüchten in Betriebsamkeit oder Rausch. Lass sie nicht zerbrechen und schenke ihnen die Erfahrung, daß Du auch sie in deinen Händen hältst. Wir rufen Dich an: Herr, erbarme Dich.

Höre uns, o Gott, und erfülle uns mit der Freude Deiner Erlösten durch Christus, unseren Herrn. Amen.

Vater unser …

Es segne und behüte uns der allmächtige und barmherzige Gott, Vater, Sohn und Heiliger Geist. Amen.

Leiden und Freuden

Auch wenn keine Gemeindegottesdienste gefeiert wurden, waren doch Menschen zu begraben. Zu den Trauerfeiern waren nur 15 Personen als Teilnehmer zugelassen. In Trauergesprächen begegnete mir sogar die Angst, daß es noch weniger werden könnten, die auf dem Friedhof zusammenkamen. Dort, wo man sonst in der Trauer oft näher zueinander rückt, stand man nun in der gebotenen Distanz vom Anderen, eine stumme Versammlung, die Trauer schon in der Haltung ausdrückt. Besonders betroffen macht es mich dann, wenn ich erlebe, daß Menschen in ihrer Trauer nicht das Vater unser mitsprechen können. Da fehlt dann die letzte und zuverlässige Geborgenheit, die über den Horizont des Todes hinausweisen könnte. Der Trauer wird der Horizont der Hoffnung genommen.

Dagegen erscheint das gemeinsame Vater unser wie ein Raum der Zuflucht, den Menschen miteinander betreten. Im Aussprechen der vertrauten Worte treten wir in diesen Raum ein, lassen uns umgeben sein von der Güte des himmlischen Vaters, stimmen Seinem Willen über unser Leben zu und erwarten hoffend Sein Reich, in dem es kein Leid und keinen Tod mehr gibt, da Gott selbst uns die Tränen von den Augen wischen will.

Die Freuden des Lebens mußten warten, wurden „vertragt“. Trauungen, die in dieser Zeit geplant waren, wurden abgesagt. Der Sohn des Kettenbacher Küsters und seine Freundin wollten heiraten. Den Bräutigam hatte ich vor fast zwanzig Jahren konfirmiert. Unser Küster Achim Kettenbach hatte in seinem Garten die schönen Blumen für die Hochzeit gezogen. Er schmückte mit ihnen den Altar, als wir am 17. Mai zum ersten Mal wieder Gottesdienst in der Kirche feierten: „Unsere schönen Hochzeitsblumen …“. Nun soll die Hochzeit im nächsten Jahr stattfinden. Sie ist nicht die einzige verschobene Feier.

Kleiner Gottesdienst zu Hause am vierten Sonntag nach Ostern (Kantate)

Im Namen des Vaters und des Sohnes und des Heiligen Geistes. Amen.

Gebet: Schöpfer des Himmels und der Erde. Alle Deine Werke rühmen Dich und die Himmel singen Dein Lob. Lass uns nicht stumm bleiben im Chor derer, die Dich preisen; mach unser Leben zu einem Lobgesang auf Deine wunderbare Macht und Güte, die Du uns zeigst in Jesus Christus, Deinem Sohn. Dir sei Ehre in Ewigkeit. Amen.

Wochenlied: Du meine Seele, singe – EG 302

Predigttext: 2. Chron. 5,2-5.12-14

Salomo versammelte alle Ältesten Israels, alle Häupter der Stämme und die Fürsten der Sippen Israels in Jerusalem, damit sie die Lade des Bundes des Herrn hinaufbrächten aus der Stadt Davids, das ist Zion. Und es versammelten sich beim König alle Männer Israels zum Fest, das im siebenten Monat ist. Und es kamen alle Ältesten Israels, und die Leviten hoben die Lade auf und brachten sie hinauf samt der Stiftshütte und allem heiligen Gerät, das in der Stiftshütte war; ... Und alle Leviten, die Sänger waren, nämlich Asaf, Heman und Jedutun und ihre Söhne und Brüder, angetan mit feiner Leinwand, standen östlich vom Altar mit Zimbeln, Psaltern und Harfen und bei ihnen hundertzwanzig Priester, die mit Trompeten bliesen. Und es war, als wäre es einer, der trompetete und sänge, als hörte man eine Stimme loben und danken dem HERRN. Und als sich die Stimme der Trompeten, Zimbeln und Saitenspiele erhob und man den HERRN lobte: „Er ist gütig und Seine Barmherzigkeit währt ewig“, da wurde das Haus erfüllt mit einer Wolke, als das Haus des HERRN, sodaß die Priester nicht zum Dienst hinzutreten konnten wegen der Wolke; denn die Herrlichkeit des HERRN erfüllte das Haus Gottes.

Liebe Schwestern und Brüder,
„Du aber bist heilig, der Du thronest über den Lobgesängen Israels“, so bekennt es gerade der 22. Psalm. Die Erzählung von Salomos Tempelweihe deutet uns

dieses Wort aus: Die Herrlichkeit des Herrn läßt sich im Tempel nieder, als die Leviten und Priesterchöre das große Gotteslob singen.

Da wo Gott ist, erklingt das Loblied Seiner Heiligkeit, Gerechtigkeit und Barmherzigkeit. So sieht es der Prophet Jesaja in der großartigen Berufungsvision (Jes. 6). Das Buch der Offenbarung Johannes sieht nicht nur die Schrecken des göttlichen Gerichtes, sondern auch den Glanz und Jubel des Himmels, wo Engel und Erlöste Gott und dem Lamm ihr Lob bringen (Offb. 19).

Doch warum gerade das Singen? Wäre nicht die Verkündigung des Wortes in schlichter Strenge das der Heiligkeit eher Angemessene? Das Lob Gottes ist eben mehr als die Rezitation von Bekenntnissen, der Glaube mehr als erlernbares Wissen, das Glaubensleben mehr als man in wohlformulierten Worten ausdrücken könnte.

Beim Singen ist der ganze Mensch beteiligt. Wer in einem Chor singt, in dem jede Chorprobe mit dem Einsingen beginnt, der weiß, wie sehr Körperhaltung, Atemführung, das Gestimmtsein des ganzen Menschen zum Singen gehören. Da sind wir nicht nur mit dem Denken, sondern mit dem ganzen Leib, mit unserem ganzen Menschsein dabei. Nicht weniger verlangt das Gotteslob vom Gläubigen.

Wir bringen uns selbst mit unserer Stimme und sie erklingt im gleichen Atem zusammen mit den Anderen, die Gottes Lob singen und Ihm ihre Lieder bringen. Mit ihnen übernehmen wir ein fremdes Wort eines Psalmes oder Liedes, das uns aus dem Strom der Tradition und der Gemeinschaft der Christen zufließt, und machen es zu unserem eigenen Wort. Was wir singen, hören wir zugleich, es durchdringt uns mit Klang und Gewicht des Wortes, daß wir werden, was wir singen. Eine Kirche, die nicht mehr singt, ist keine Kirche mehr.

Das Wort Gottes will zum Klang werden unter uns. Dieser Klang beginnt in der Stille, im Hören auf den Ton, der schon vor uns da ist und den wir aufnehmen. Verbunden mit dem rechten Ton findet das Wort den Weg zum Herzen. Das erleben wir beim Psalmengesang, beim Singen eines Chorals, aber auch bei dem Vortrag einer Lesung im Lektionston, also in gesanglicher Form. Das Klang gewordene Wort durchdringt und trägt unser Leben. Nicht umsonst nennt man Johann Sebastian Bach den fünften Evangelisten, haben seine Kantaten und Oratorien das Wort des Evangeliums doch in einer Weise den Menschen in die Herzen geschrieben, wie viele kluge Predigten es nicht tun könnten.

Singen wir uns den Trost und die Zuversicht zu, stimmen wir ein in die Chöre der Engel: Cantate Domino Canticum novum – singet dem Herrn ein neues Lied!

Amen.

Fürbitten[2]: Wir danken Dir Gott, für die Musik.

Wir danken Dir für die Freude, die uns durch Musik gemacht wird, für die Fröhlichkeit, die uns durch sie geschenkt wird, für die Gelassenheit, die sie uns gibt.

Wir danken Dir für den Trost, den wir in der Musik finden können, die Ruhe, die wir durch sie erfahren, und die Hoffnung, die sie uns schöpfen läßt.

Wir danken Dir für Dein Wort, das Du durch Musik zu uns sprichst, für Deine Mut machende Botschaft, für Dein befreiendes Evangelium.

Wir danken Dir für die Gemeinschaft, die die Musik unter uns stiftet, für das gegenseitige Verständnis und das Vertrauen, das sie fördert und das diese Gemeinschaft zusammenhält.

Wir bitten Dich, Gott, für unsere Chöre, für unsere Organisten und für alle, die von Dir künden mit Psalmen, Lobgesängen und geistlichen Liedern und Dir Ehre machen mit Worten und mit Werken im Namen Jesu Christi. Amen.

Vater unser …

Es segne und behüte uns der allmächtige und barmherzige Gott, Vater, Sohn und Heiliger Geist. Amen.

---

2 aus: Eckhard Herrmann; Neue Gebete für den Gottesdienst; München 2002, S. 136.

Vorsichtiger Neubeginn

Der Sonntag Kantate ist in Kettenbach der Regeltermin für die Konfirmation. Schon mit dem Beginn der Maßnahme gegen die Pandemie war klar, daß wir diesen Termin nicht würden halten können. Die beiden Kirchenvorstände von Kettenbach und Rückershausen waren dafür, in Absprache mit den Eltern einen neuen Termin zu suchen, und wir einigten uns schließlich darauf, die Konfirmationen im März des Folgejahres zu feiern. Das läßt mich hoffen, ausgefallene Stunden nach den Sommerferien nachholen und mit der interessierten Konfimandengruppe noch ein wenig arbeiten zu können.

Mit dem Sonntag Rogate am 17. Mai konnten wir die Gottesdienste in den Kirchen wieder beginnen. Birgit Bloos, die Pfarramtssekretärin, hatte es im Gemeindeblatt mit dem Satz angekündigt: „Endlich ist es wieder soweit ...“. Mancher dachte, es würden zunächst nur sehr wenige Menschen kommen. Die Plätze wurden gekennzeichnet, Desinfektionsmittel besorgt. Und wir durften es erleben, daß alle gekennzeichneten Plätze auch gebraucht wurden.

Wir durften nicht singen, aber die Orgel stellte uns die Choräle dar, die verlesen wurden. Als Fürbittengebet las ich im ersten Gottesdienst am Sonntag Rogate bei leiser Orgelbegleitung die Strophen des Vaterunser-Liedes von Martin Luther. Die langsame Aussprache der Worte zur Musik machte die einzelnen Aussagen umso deutlicher. Wir konnten einander nicht nahekommen, persönliche Grüße waren nicht möglich – und dennoch war da das Bewußtsein einer Verbundenheit. Die Grüße kamen dann durch das Telephon und über Email.

Die Blätter mit dem „Kleinen Gottesdienst zu Hause“ sollten aber weiter erscheinen für alle, die am Sonntagmorgen nicht dabei sein können, bis zum Ende der Coronamaßnahmen.

Kleiner Gottesdienst zu Hause am sechsten Sonntag nach Ostern (Rogate)

Im Namen des Vaters und des Sohnes und des Heiligen Geistes. Amen.

Gebet: Herr, unser Gott, Du hast uns verheißen, daß Du uns geben willst, was wir im Namen Deines Sohnes erbitten. Lehre uns, so zu beten, daß wir alles erwarten von Dir und Dich mit allen Erlösten loben und Dir danken. Das bitten wir durch Jesus Christus, Deinen Sohn, der mit Dir und dem Heiligen Geist lebt und regiert von Ewigkeit zu Ewigkeit. Amen.

Wochenlied: Vater unser im Himmelreich - EG 344

Predigttext: Mt. 6,5-15

Jesus lehrte Seine Jünger und sprach: Wenn ihr betet, sollt ihr nicht sein wie die Heuchler, die gern in den Synagogen und an den Straßenecken stehen und beten, um sich vor den Leuten zu zeigen. Wahrlich, Ich sage euch: Sie haben ihren Lohn schon gehabt. Wenn du aber betest, so geh in dein Kämmerlein und schließ die Tür zu und bete zu deinem Vater, der im Verborgenen ist; und dein Vater, der in das Verborgene sieht, wird dir's vergelten. Und wenn ihr betet, sollt ihr nicht viel plappern wie die Heiden; denn sie meinen, sie werden erhört, wenn sie viele Worte machen. Darum sollt ihr ihnen nicht gleichen. Denn euer Vater weiß, was ihr bedürft, bevor ihr ihn bittet. Darum sollt ihr so beten: Unser Vater im Himmel! Dein Name werde geheiligt. Dein Reich komme, Dein Wille geschehe wie im Himmel so auf Erden. Unser tägliches Brot gib uns heute. Und vergib uns unsere Schuld, wie auch wir vergeben unsern Schuldigern. Und führe uns nicht in Versuchung, sondern erlöse uns von dem Bösen. Denn Dein ist das Reich und die Kraft und die Herrlichkeit in Ewigkeit. Amen. Denn wenn ihr den Menschen ihre Verfehlungen vergebt, so wird euch euer himmlischer Vater auch vergeben. Wenn ihr aber den Menschen nicht vergebt, so wird euer himmlischer Vater eure Verfehlungen auch nicht vergeben.

Liebe Schwestern und Brüder,

Not lehrt beten. Ob uns die Corona-Krise wieder das beten lehrt? Sehen wir die Not unserer Mitmenschen, die Angst der Risikopatienten, die Sorgen um liebe Menschen, die Tränen der Trauernden? Nehmen wir sie auf und tragen sie vor Gott oder wenden wir uns ab und warten ungeduldig auf eine Rückkehr der „Normalität“?

<u>Jesus lehrt Seine Jünger beten</u>: Glaube ist kein Renommierstück, die Haltung des Beters darf keine Zurschaustellung sein. Das nähme dem Beten seinen Sinn. Beten hat nichts mit Plappern zu tun. Wir können Gott mit unseren Bitten nicht vorschreiben, was Er zu tun habe.

Der Ort des Gebets ist das „Kämmerlein“, der Rückzug von der Menge und das Schweigen vor Gott. Auch wenn das gottesdienstliche Gebet in der Gemeinschaft gesprochen und mit dem Amen der Gemeinde beantwortet wird, steht doch jeder selbst in seinem Herzen vor Gott.

Und <u>Christus schenkt uns das Gebet</u>, das Er Seine Jünger lehrt, das Vater unser. Für Luther gehörte das Vater unser zu den „großen Märtyrern“ der Christenheit, werde es doch allzu oft ohne innere Beteiligung „heruntergebetet“. Das aber habe nichts mit Beten zu tun.

Wer das Vater unser betet, übernimmt die Worte Christi, muß sich in diese Worte hineinfinden, wie in einen Raum, der vertraut und zugleich fremd ist. „Vater unser“ sagen wir und spüren das Vertraute dieser Anrede, wir sehnen uns nach Seinem Reich, das allem Elend der Welt ein Ende macht. Doch bei der Bitte „Dein Wille geschehe“ wird es schon schwieriger.

Wie einen Raum betreten wir die Worte dieses Gebetes, machen sie zu unseren eigenen Worten und erleben, wie sie Geborgenheit geben, wenn wir uns noch fremd und verlassen fühlen, wie sie Ruhe schenken, wo uns noch die Angst unruhig machte, wie sie Hoffnung aufleuchten lassen, wo die Welt keine Hoffnung mehr sieht, wie sie im Glauben bestärken, wo der Zweifel drohte, wie sie uns die Heimat schenken in der Liebe Gottes.

Täglich wenden wir uns mit den Worten des Gebetes Jesu an unseren Vater im Himmel, treten aus unserem Alltag in diese Worte ein, legen ab, was uns bedrängte und finden den Frieden, den die Welt nicht geben kann. **Beten wendet die Not**. Amen.

Fürbitten: Gott, unser Heil, durch Deinen Sohn, der für uns gestorben und auferstanden ist, erhörst Du unser Gebet. Im Vertrauen auf Ihn bitten wir:
Herr, erhöre uns.

Für die Kirche in aller Welt: Gib ihr offene Augen für die Nöte der Menschen und eine Stimme, die für jene spricht, die ohne Beistand sind. Wir rufen:
Herr, erhöre uns.

Für die Männer und Frauen, die Macht und Einfluß haben: Gib ihnen den Willen und die Kraft, Gerechtigkeit und Frieden zu schaffen. Wir rufen: Herr, erhöre uns.

Für alle, die nach Sinn und Halt für ihr Leben suchen: Lass sie Orientierung und Geborgenheit finden in der Gemeinschaft der Kirche. Wir rufen: Herr, erhöre uns.

Für die Schwachen und Leidenden in unserer Gesellschaft: Schenke ihnen Zeichen Deiner Nähe und Menschen, die für sie da sind. Wir rufen: Herr, erhöre uns.

Wir beten füreinander: Hilf uns, jeden tag auf Dich zu hören und Dir im Gebet alles anzuvertrauen, was uns bewegt. Wir rufen: Herr, erhöre uns.

Für unsere Verstorbenen: Schenke ihnen Deinen Frieden und lass ihnen das ewige Licht leuchten. Wir rufen: Herr, erhöre uns.

Herr, unser Gott, Du hast deinen Sohn aus dem Tod befreit und willst uns auch befreien zum Leben durch Ihn, Christus, unseren Herrn.
Amen.

Vater unser …

Es segne und behüte uns der allmächtige und barmherzige Gott, Vater, Sohn und Heiliger Geist. Amen.

Grüße aus der Gemeinde

Die Gottesdienste fanden wieder statt. Die Küster, Achim Kettenbach und Gudrun Heckelmann, achteten, von Gemeindegliedern unterstützt, auf die Einhaltung der Hygienemaßnahmen. Weitere Gemeindekreise konnten sich aber nicht treffen.

Der Kirchenchor hatte schöne Stücke für Karfreitag und Ostern geprobt, die nun vielleicht im nächsten Jahr erklingen. Am 5. Juli sollte die „Musikalische Weinprobe“ stattfinden, die in jedem zweiten Jahr ein besonderes Ereignis im musikalischen Reigen unserer Kirchengemeinde darstellt. Weine des Rheingauer Weingutes Hirschmann werden im Gespräch vorgestellt und auf der großen Wiese hinter der Kirche verkostet. Dazu lassen Chor, Orgel und Solisten zum Charakter der Weine passende Musik erklingen. Auch hier sagten wir: „Nächstes Jahr ...“.

Der Handarbeitskreis konnte sich nicht in froher Runde treffen. Unter dem Leitthema: Wir reden über alles, nur nicht über „die Leut“ war man alle vierzehn Tage zusammengekommen und hatte sich unterschiedlichen Projekten gewidmet. Es entstanden warme Kleidung für die Obdachlosen, die in Wiesbaden von der Diakonie betreut werden. Man strickte und nähte Kindersachen für den Anziehtreff der Caritas. Doch die Damen des Handarbeitskreises begnügten sich nicht mit dem aufgenötigten Nichtstun. Strickte man nicht gemeinsam, so konnte man es doch zu Hause tun. Bald erschienen Einzelne mit ihren Gaben am Pfarrhaus und wir konnten wieder für die guten Zwecke sammeln.

Immer wieder kamen auch die Grüße im Zusammenhang mit den in der Kirche gefeierten Gottesdiensten und den Blättern für den „Kleinen Gottesdienst zu Hause“. Den Zusammenhalt der Gemeinde in den Zeiten der Krise gerade durch die gottesdienstliche Feier zu Hause oder in der Gemeinschaft der Kirche zu erleben, sieht man als besonders wichtig an.

Kleiner Gottesdienst am Fest Christi Himmelfahrt

Im Namen des Vaters und des Sohnes und des Heiligen Geistes. Amen.

Gebet: Allmächtiger, ewiger Gott. Du hast Deinen Sohn erhöht und Ihm Anteil gegeben an Deiner himmlischen Herrlichkeit. Sei mitten unter uns und stärke unser Vertrauen, daß auch wir berufen sind zur ewigen Gemeinschaft mit Dir. Darum bitten wir durch Jesus Christus, unseren Herrn und Gott, der mit Dir in der Einheit des Heiligen Geistes lebt und regiert in alle Ewigkeit. Amen.

Wochenlied: Jesus Christus herrscht als König – EG 123

Predigttext: Joh. 17,20-26
Jesus hob Seine Augen auf zum Himmel und sprach: Vater, Ich bitte nicht allein für die, die Du Mir gegeben hast, sondern auch für die, die durch ihr Wort an Mich glauben werden, daß sie alle eins seien. Wie Du, Vater, in Mir bist und Ich in Dir, so sollen auch sie in Uns eins sein, auf daß die Welt glaube, daß Du Mich gesandt hast. Und Ich habe ihnen die Herrlichkeit gegeben, die Du Mir gegeben hast, auf daß sie eins seien, wie Wir eins sind, Ich in ihnen und Du in Mir, auf daß sie vollkommen eins seien und die Welt erkenne, daß Du Mich gesandt hast und sie liebst, wie Du Mich liebst. Vater, Ich will, daß, wo Ich bin, auch die bei Mir seien, die Du Mir gegeben hast; denn Du hast Mich geliebt, ehe die Welt gegründet war. Gerechter Vater, die Welt kennt Dich nicht; ich aber kenne Dich und diese haben erkannt, daß Du mich gesandt hast. Und Ich habe ihnen Deinen Namen kundgetan und werde ihn kundtun, damit die Liebe, mit der Du Mich liebst, in ihnen sei und Ich in ihnen.

Liebe Schwestern und Brüder,
Jesus Christus herrscht als König – das ist die Botschaft des Himmelfahrtsfestes. Der Gekreuzigte und Auferstandene, der alles Leid der Menschen trug, thront zur Rechten Gottes als Herr aller Herren und König der Könige.

Im hohepriesterlichen Gebet, das uns der Evangelist Johannes überliefert, bittet dieser Christus, daß Seine Jünger und alle, die durch ihr Wort an Ihn glauben werden, eins seien, so wie Gott Vater und Gott Sohn in untrennbarer Einheit verbunden sind.

Doch schon im Kreis der Jünger gab es Auseinandersetzungen, die den zukünftigen Weg der auseinanderdriftenden christlichen Konfessionen vorwegnehmen. Die geschichtliche Entwicklung führte zu unterschiedlichen Gestalten und Formen des Christseins in den unterschiedlichen Kirchentümern. Wenn die Welt an der Einheit der Christen die Wahrheit des Evangeliums erkennen soll, wie Christus es im hohepriesterlichen Gebet erbittet, dann tragen wir alle an der Schuld, daß das zerstrittene Christentum dem Glauben an Christus im Wege steht.

Wie aber soll die erbetene Einheit der Christen gefunden werden? Zur Zeit erleben wir etwas davon: An jedem Abend läuten wir gemeinsam, der Glockenklang vereinigt sich über unserem Tal und ruft alle zum Gebet, zur Fürbitte für die Kranken und Bedrohten, zum Dank für die Helfer und Forscher. Die Not lehrt uns miteinander das gemeinsame Gebet.

Wie Christus um die Einheit der Christen betete, so ist auch das Gebet der Weg zur Einheit. Dabei kann es nicht um eine institutionelle Einheit gehen, den Zusammenschluß der Kirchen zu einer „Superkirche“. Wenn wir zusammen beten, nehmen wir einander als Christen an und ernst. Wir lassen den Anderen mit seinen anderen Traditionen und anderen Formen als Bruder oder Schwester im Glauben gelten. Wir stellen uns gemeinsam unter den einen Herrn Jesus Christus.

Wenn wir einander so annehmen, können wir beginnen, voneinander zu lernen. Wir können bei anderen Christen und ihren Formen des Glaubens Neues und Bereicherndes für unseren eigenen Glaubensweg finden. Wir werden nicht sagen:

„Nun haben wir die äußere Einheit hergestellt!“ Aber wir dürfen sagen: „Wir sind Brüder und Schwestern des einen Vaters im Himmel und folgen dem einen Herrn Jesus Christus nach“. Wir werden es erleben, wie Gott diesen Weg segnet – und nur auf dem Weg dieser Einheit des Glaubens und Gebetes wird die Kirche eine Zukunft haben. Amen.

Fürbitten: Herr, unser Gott, Dein Sohn ist erhöht zu Deiner rechten und tritt für uns ein. In Seinem Namen beten wir: Mehre uns den Glauben.

Für alle, die Christus als den Herrn verkünden: Gib ihrem Zeugnis Kraft durch Deinen Heiligen Geist. Wir rufen zu Dir: Mehre uns den Glauben.

Für die Männer und Frauen, denen Du Macht über andere verliehen hast: Schenke ihnen Willen und Wege, Deinem Frieden den Weg zu bereiten. Wir rufen zu Dir: Mehre uns den Glauben.

Für die Menschen, die Angst haben vor der Zukunft: Mach ihr Herz gewiß, daß Christus für immer auf unserer Seite steht. Wir rufen zu Dir: Mehre uns den Glauben.

Für alle, die sich nach Geborgenheit und Liebe sehnen: sende ihnen Deinen Geist, den Tröster, und lass sie Freunde und Gefährten finden. Wir rufen zu Dir: Mehre uns den Glauben.

Für alle, die in diesen Tagen unterwegs sind. Behüte sie in allen Gefahren und führe sie sicher zum Ziel ihrer Wege. Wir rufen zu Dir: Mehre uns den Glauben.

Für unsere Verstorbenen: Lass ihnen das Licht Deiner Herrlichkeit leuchten und vollende uns einst mit ihnen vor Deinem Thon. Wir rufen zu Dir: Mehre uns den Glauben.

Ewiger Gott, Du hast Deinen Sohn erhöht über alle Himmel. Durch Ihn loben wir dich, heute und in alle Ewigkeit. Amen.

Vater unser …

Es segne und behüte uns der allmächtige und barmherzige Gott, Vater, Sohn und Heiliger Geist. Amen.

Himmelfahrt und Vatertag

Der Himmelfahrtsgottesdienst war in den vergangenen Jahren immer deutlich geringer besucht. Schließlich feiert man den „Vatertag". Auf dem Weg zum Gottesdienst begegnete mir auch wirklich eine kleine Gruppe ehemaliger Konfirmanden – allesamt inzwischen über 20 -, die mit einer mehr als ausreichenden Anzahl von Bierflaschen versehen mit ebenfalls ausreichendem Abstand unterwegs zu irgendeinem feuchtfröhlichen Anlass waren. Dem alten Pfarrer winken sie dann zu und wissen, daß ich sie lieber in der Kirche sehen würde. Viele unter ihnen finden wenigstens ab und zu den Weg, an Weihnachten, dem Jahreswechsel oder am Rückershäuser Marktsonntag, wenn in einer gereimten Predigt das Welt- und Ortsgeschehen betrachtet wird.

Ist der Pfarrer dann einmal beim Konzert des Männerchores, beim Schlachtfest oder bei der Jubiläumsfeier eines der örtlichen Vereine, ist in der Regel auch mit einem Gegenbesuch Einzelner in der Kirche zu rechnen. Gemeindliches Leben und in seiner Mitte die Feier der Gottesdienste können nur in kleinen Schritten den Einzelnen lieb gemacht werden. Auf die Kontinuität des gottesdienstlichen Angebotes kommt es da sehr an. Ich nehme es mit Bedauern wahr, wenn Gottesdienste in den Gemeinden ausfallen, „weil ja doch nur Wenige kommen". Dann sollen die Menschen den Gottesdienst im Nachbarort oder mehrere Orte weiter besuchen, was die meisten eben nicht tun. Eine Kollegin in der Schule sagte mir: „Ich bin Kirch-gängerin! Wenn ich zum Gottesdienst fahren muß, findet er meist nicht für mich statt." Die „Gottesdienstverdrossenheit" wird so - unbewußt? – noch von der Kirche selbst gefördert, wenn durch die Reduktion der Gottesdienste die Gemeindeglieder erst suchen müssen, wann denn wieder einmal bei ihnen gefeiert werde.

Nachdem die Gottesdienste unter Hygienebedingungen wieder gefeiert werden dürfen, beeindruckt mich der Einsatz der Küster, Kirchenvorsteher und einzelner Gemeindeglieder. Es ist offensichtlich ihr ernstliches Anliegen, daß wir am Sonntag zuverlässig und kontinuierlich feiern können. Der heilige Benedikt sagt im 43. Kapitel seiner Regel: „Dem Gottesdienst soll nichts vorgezogen werden". Evangelische Kirchen haben hier Nachholbedarf.

Kleiner Gottesdienst am siebten Sonntag nach Ostern (Exaudi)

Im Namen des Vaters und des Sohnes und des Heiligen Geistes. Amen.

Gebet: Herr Jesus Christus, du König der Herrlichkeit, Du bist erhöht über alle Welt. Wir bitten Dich: Sende uns den verheißenen Geist, daß Er uns in der Anfechtung beistehe und dorthin führe, wo Du bist zur Rechten des Vaters. Dir sei Ehre in Ewigkeit. Amen.

Wochenlied: Heilger Geist, Du Tröster mein – EG 128

Predigttext: Jer. 31,31-34
Siehe, es kommt die Zeit, spricht der HERR, da will Ich mit dem Hause Israel und mit dem Hause Juda einen neuen Bund schließen, nicht wie der Bund gewesen ist, den ich mit ihren Vätern schloss, als ich sie bei der Hand nahm, um sie aus Ägyptenland zu führen, Mein Bund, den sie gebrochen haben, ob Ich gleich ihr Herr war, spricht der HERR; sondern das soll der Bund sein, den Ich mit dem Hause Israel schließen will nach dieser Zeit, spricht der HERR: Ich will Mein Gesetz in ihr Herz geben und in ihren Sinn schreiben, und sie sollen Mein Volk sein und Ich will ihr Gott sein. Und es wird keiner den andern noch ein Bruder den andern lehren und sagen: „Erkenne den HERRN", denn sie sollen Mich alle erkennen, beide, Klein und Groß, spricht der HERR; denn Ich will ihnen ihre Missetat vergeben und ihrer Sünde nimmermehr gedenken.

Liebe Schwestern und Brüder,
Eine Krise, die die ganze Welt mit ihren Schatten überzieht, erschüttert auch unser Lebensvertrauen. Sehen wir die Not der Menschen, unser Verzagen, die Trauer über die Toten, dann taucht die bange Frage auf, ob Gott es noch gut mit uns meinen kann. Wurzelt unser Leben in Ihm auch in den Zeiten dieser Heimsuchung? **Wie können wir mit diesem geheimnisvollen Gott verbunden sein?**

Der Prophet blickt auf den Weg Israels zurück. Gott hat dieses Volk an der Hand genommen wie einen lieben Sohn und hat es aus der Knechtschaft Ägyptens in die Freiheit geführt. Er hat mit Israel einen Bund geschlossen, als Er ihm am Berg Sinai im Gesetz Seinen heiligen Willen offenbarte. „Ihr sollt heilig sein, denn Ich bin heilig“ (3. Mo. 11,45).

Was ein Vorrecht war, war auch eine Last dieses Volkes. Als kleines Volk zwischen mächtigen Nachbarvölkern, die die Götter der Macht, des Reichtums und der Lust verehrten, sank das Vertrauen in den einen unsichtbaren Gott, wuchs im Schatten der Lebensangst die Kletterpflanze fauler Kompromisse. Hatte Gott dem kleinen Volk, das Er aus Liebe erwählte, zu viel zugemutet?

Schonungslos spricht der Prophet im Namen Gottes vom Bruch des Bundes. Das Vertrauen hatte nicht ausgereicht, um den achtsamen Gehorsam gedeihen zu lassen, der der einzigartigen Bindung entsprochen hätte. Die Verführung der Macht, des Reichtums und der Lust war eingedrungen wie ein schleichendes Gift.

Würde Gott sich nun wie ein enttäuschter Liebender von dem Volk abwenden, das Er erwählt hatte? Wendet Er sich heute von einer Welt ab, die Ihn vergessen hat und jenen alten Göttern in neuem Gewand nachläuft?

„Es kommt die Zeit“, so beginnt der Prophet. Doch er spricht nicht von einer Zeit des Gerichts, nicht von einer strafenden Heimsuchung. Gott kündigt durch Seinen Boten einen neuen Bund an. Die heilige Bundesformel soll wieder gelten: „sie sollen Mein Volk sein und Ich will ihr Gott sein“. Doch nun wird dem erwählten Volk und aller Welt nicht mehr ein Gesetz als Bundesordnung vorgelegt, die sie nachlesen und dem Buchstaben nach befolgen sollen.

„Ich will Mein Gesetz in ihr Herz geben …“ sagt Gott. So handelt der Gott, der zum Herzen spricht, der im Herzen als Seinem Heiligtum Wohnung nehmen will. Er schließt Seinen Bund mit uns in der heiligen Taufe: „Ich will dein Gott sein und du sollst Mein Kind sein“. Seinen heiligen Willen legt Er in unser Herz mit den Worten des Heilands, der uns die Liebe als Erfüllung dieses Willens offenbart. Die Wege unseres Lebens umgibt Er mit Seinem heiligen Geist, der uns in alle Wahrheit leiten und das Evangelium in uns und durch uns leuchten lassen will. **Nichts und niemand wird uns aus Gottes Hand reißen! Darauf dürfen wir uns verlassen.** Amen.

Fürbitten: Gott, Deine Macht übersteigt Himmel und Erde. Du bist uns verbunden in Christus, Deinem Sohn. Du kommst auf uns zu mit Deinem Heiligen Geist und willst unser Leben erfüllen. Dir sei Ehre durch alle Geschlechter. Deinen Namen dürfen wir tragen. Dich rufen wir an: *Kyrie eleison.*

Schenke Kraft nach dem Reichtum Deiner Gnade. Lass Menschen in Frieden leben können. Hilf, dass niemand die Not der Einsamkeit erfahren muss. Wir rufen Dich an: *Kyrie eleison.*

Lass Deinen Geist wirken, inwendig an uns Menschen. Mache stark, die der Verzweiflung nahe sind. Stehe denen bei, die hergeben müssen, was ihnen lieb ist. Bewahre alle, die die Bitterkeit von Krankheit und Tod erfahren. Wir rufen Dich an: *Kyrie eleison.*

Gib uns Glauben, damit Christus in uns wohne. Lass Seine Liebe eingewurzelt sein in unser Herz. Hilf uns, Deine Gnade in der Welt zu leben und zu zeigen. Bewege uns, damit wir helfen, wo uns Leid begegnet. Ermutige uns zu trösten, wo Angst und Sorge herrschen. Wir rufen Dich an: *Kyrie eleison.*

Gott, Du Geist der Güte und des Lebens. Hilf allen Menschen zur Wahrheit, dass sie die Liebe Christi erfahren und erfüllt werden von der Kraft Deines Segens. Wir bitten besonders für die Menschen, die sich zu Dir bekennen, und für die Menschen, die Dich noch nicht erkannt haben. Führe sie zur Fülle Deiner Kraft.

Lass uns einst schauen, was Deine Liebe verheißt durch Christus, Deinen Sohn, unsern Bruder und Herrn. Amen.

Vater unser …

Es segne und behüte uns der allmächtige und barmherzige Gott, Vater, Sohn und Heiliger Geist. Amen.

Schmückt das Fest mit Maien

Zum Pfingstfest wird die Kirche festlich geschmückt. Grüne Zweige, die „Maien“, sollen von der Schönheit des himmlischen Jerusalem erzählen.

Schweren Herzens verzichteten wir für diesmal noch auf die Feier des Heiligen Abendmahles, um keine Angstschwelle für die Gottesdienstteilnehmer aufzubauen. Wir möchten aber so bald, wie möglich, einen Weg finden, diese Mitte der gottesdienstlichen Feier nicht mehr vermissen zu müssen.

Dennoch waren auch am Pfingstfest die zur Verfügung stehenden Plätze in unseren Kirchen alle besetzt. War dieses letzte der großen Hochfeste in den vergangenen Jahren oft stiefmütterlich behandelt, weil Viele die Frühjahrstage zu ersten Ausflügen oder einem verlängerten Urlaubswochenende nutzen, so waren diesmal fast alle zu Hause geblieben und der Weg zu den drei Gottesdienstes des Pfingstfest erschien offenbar attraktiv.

Kleiner Gottesdienst zu Hause am Heiligen Pfingstfest

Im Namen des Vaters und des Sohnes und des Heiligen Geistes. Amen.

Gebet: Wunderbarer Gott, du gibst der Welt den Atem des Lebens. Wir bitten Dich: Komm zu uns mit deinem Geist, daß Er den Glauben in uns wecke und unser Tun und Denken durchdringe. Wir bitten durch Jesus Christus, Deinen Sohn, der mit Dir und dem Heiligen Geist lebt und regiert in alle Ewigkeit. Amen.

Wochenlied: Komm, Gott Schöpfer, Heiliger Geist – EG 126

Predigttext: Apg. 2,1-15
Als der Pfingsttag gekommen war, waren sie alle beieinander an einem Ort. Und es geschah plötzlich ein Brausen vom Himmel wie von einem gewaltigen Sturm und erfüllte das ganze Haus, in dem sie saßen. Und es erschienen ihnen Zungen, zerteilt und wie von Feuer und setzten sich auf einen jeden unter ihnen, und sie wurden alle erfüllt von dem Heiligen Geist und fingen an zu predigen in fremden Sprachen, wie der Geist ihnen zu reden eingab. Es wohnten aber in Jerusalem Juden, die waren gottesfürchtige Männer aus allen Völkern unter dem Himmel. Als nun dieses Brausen geschah, kam die Menge zusammen und wurde verstört, denn ein jeder hörte sie in seiner eigenen Sprache reden. Sie entsetzten sich aber, verwunderten sich und sprachen: Siehe, sind nicht diese alle, die da reden, Galiläer? Wie hören wir sie denn ein jeder in seiner Muttersprache? Parther und Meder und Elamiter und die da wohnen in Mesopotamien, Judäa und Kappadozien, Pontus und der Provinz Asia, Phrygien und Pamphylien, Ägypten und der Gegend von Kyrene in Libyen und Römer, die bei uns wohnen, Juden und Proselyten, Kreter und Araber: wir hören sie in unsern Sprachen die großen Taten Gottes verkünden. Sie entsetzten sich und waren ratlos und sprachen einer zu dem andern: Was will das werden? Andere aber hatten ihren Spott und sprachen: Sie sind voll süßen Weins. …

Liebe Schwestern und Brüder,
„**Komm, Gott Schöpfer, Heiliger Geist**, / besuch das Herz der Menschen Dein, / mit Gnaden sie füll, denn Du weißt, / daß sie Dein Geschöpfe sein“, so beginnt Luthers Übersetzung des mittelalterlichen Pfingsthymnus „Veni creator Spiritus“. Es ist der Schöpfer selbst, der sich durch Seinen Geist Seiner Menschen annimmt. Mit dem Pfingstfest beginnt eine neue Schöpfung, in der Leiden und Tod endgültig besiegt sein werden. Der Ostersieg Christi soll allen Menschen zuteilwerden.

Im Feuersturm kommt der Geist auf die Apostel. Von Ihm angetrieben, verkündigen sie die großen Taten Gottes. Das geschieht nicht in Rom, dem Zentrum der Macht, es geschieht nicht in Athen, dem Zentrum der Weisheit und der Philosophie. Es geschieht in Jerusalem, der unterdrückten Stadt im Wetterwinkel des römischen Imperiums.

Die Menge sieht und hört nichts von dem Feuersturm des Geistes. Aber sie hört die Apostel reden. Und sie verstehen, was gesagt wird. Das ist das erste Pfingstwunder: Menschen hören von Gott und sie verstehen, daß es ihnen gilt, was sie da hören.

Die Reaktionen sind unterschiedlich: die Einen sind erschrocken oder staunen. Die Anderen spotten. Die Einen fragen betroffen weiter, die Anderen gehen mit einer flapsigen Bemerkung über das Geschehen weg. Damit haben sie die Lacher auf ihrer Seite, die sich hinter ihrem Scherz verstecken, um ihre Betroffenheit zu verbergen und sich selbst zu verschweigen, was ihr Leben hätte verändern können.

Jene aber, die sich nicht entziehen, die ihre Betroffenheit spüren und den Worten der Apostel zuhören, erleben das Wirken des Geistes. Es „ging ihnen durchs Herz", wie Lukas schreibt. Sie empfangen die heilige Taufe und bekennen sich zu Jesus Christus. Von nun an wächst die Kirche immer weiter „in Jerusalem, Judäa und Samarien und bis an das Ende der Erde".

Heute suchen wir nach dieser Schöpferkraft des Geistes in unserer Welt, in der sich die Kräfte der Zerstörung durch Eigennutz und Hass, Verfolgung und Krieg und nun weltweit in den Zeiten der Corona-Pandemie ausweiten. Der Ungeist des Eigennutzes und der panischen Sorge hat sich ausgebreitet. Auch die Kirche erscheint immer wieder geist-los.

Und doch – wenn in dem so geschlagenen Italien nach den Bildern der Lastwagen voller Toter sich Menschen mit den Worten begrüßen „Andra tutto bene – alles wird gut", dann ist etwas zu spüren vom lebendigen Schöpfergeist Gottes. Wenn Menschen füreinander einstehen und auch über die Distanz hinweg Wege zueinander finden, wenn Ärzte, Krankenpfleger und Schwestern, Feuerwehrleute und Polizisten und so viele andere Dienste für uns einstehen, dann ist etwas zu spüren von dem Liebesgeist Gottes. Wenn wir die Zeit der Heimsuchung durch die Pandemie als Gelegenheit ergreifen, zur Stille vor Gott zu kommen und im Gebet neue Zuversicht finden, dann ging es auch uns „durchs Herz", wenn Gottes Wort zu uns spricht. Amen.

Fürbitten: Ewiger Gott, durch Deinen Geist rufst Du uns in die Gemeinschaft Deiner Kirche. So bitten wir Dich: Erneuere uns durch Deinen Geist.

Für die Kirche auf dem ganzen Erdkreis, daß sie erfüllt werde mit dem Reichtum Deiner Gaben und über alle Grenzen hinweg zur sichtbaren Einheit finde. Wir rufen: Erneuere uns durch Deinen Geist.

Für die Völker und Regierungen, daß Gottes Geist ihnen hilft, zu einer Sprache der Verständigung und des Friedens zu finden. Wir rufen:
Erneuere uns durch Deinen Geist.

Für die Menschen, mit denen wir zusammen leben und arbeiten: daß Gottes Geist uns leitet, aufeinander zu achten und füreinander dazusein. Wir rufen:
Erneuere uns durch Deinen Geist.

Für uns selbst, daß Gottes Geist uns die Augen öffnet für die Schönheit Seiner Schöpfung und Sein Wirken in allem, was lebt. Wir rufen:
Erneuere uns durch Deinen Geist.

Höre uns, gütiger Gott, und erfülle uns mit Deinem Heiligen Geist. Darum bitten wir durch Jesus Christus, unseren Herrn. Amen.

Vater unser …

Es segne und behüte uns der allmächtige und barmherzige Gott, Vater, Sohn und Heiliger Geist. Amen.

Am Wegekreuz

Am zweiten Feiertag der Hochfeste feiern wir unseren Gottesdienst in der schönen kleinen Fachwerkkirche St. Joseph in Daisbach. Es ist ein ehemaliges Jagdhaus der Grafen von Galen, das in der kleinen mehrheitlich katholischen Gemeinde zu einer anheimelnd schönen Kirche umgebaut wurde. Die katholische Gemeinde gewährt uns Gastrecht, was wir gerne angenommen haben. Manche ökumenische Begegnung läßt mir den Ort noch lieber sein.

In diesem Jahr aber war die Kirche geschlossen. Die katholische Großgemeinde hatte sich der Pandemie wegen zu einer Verteilung der Kräfte und der Gottesdienstorte entschlossen, die diese zeitweise Schließung nötig machte. Um dennoch auch in Daisbach einen Gottesdienst feiern zu können, entschloß ich mich, zu einem Feldgottesdienst am Wegekreuz in der Nähe der Kirche einzuladen. Würden sich die Menschen auf den Weg machen?

Küster Herbert Arenz hatte schon am frühen Morgen einige Stühle zum Wegkreuz gebracht. Unter blauem Himmel und mit einem schönen Blick über das idyllische Dorf fanden sich 25 Gemeindeglieder zusammen. Einige setzten sich ins Gras. Wenn wir auch nicht singen durften, so übernahmen doch die Vögel ringsum die Aufgaben der Kirchenmusik. Eine aufmerksame Gemeinde aus Jungen und Alten, Protestanten und Katholiken war zusammengekommen, gemeinsam zu hören und zu beten.

Der Gedanke zu dem Feldgottesdienst war eigentlich aus der Not geboren. Die versammelte Gemeinde machte den Gottesdienst zu einem Erlebnis, das man wiederholen möchte.

Andacht im Gemeindebrief für Juni und Juli

Der Engel des Herrn rührte Elia an und sprach: Steh auf und iss! Denn du hast einen weiten Weg vor dir. 1. Kön. 19,7

Die Begegnung mit dem Engel steht an einem Wendepunkt der Geschichte des Propheten Elia. Er hatte das Gottesgericht auf dem Karmel erlebt: Allein war er als Prophet des Herrn den Baalspriestern entgegengetreten und war von Gott erhört worden. Er hatte gehofft, daß dies dem gottlosen König Ahab die Augen öffnen und Israel zu seinem Gott zurückkehren würde. Doch er erlebte, wie die Königin Isebel ihm weiter mit Verfolgung und Tod drohte.

Nach der gewaltigen Kraftanstrengung zieht er sich in die Wüste zurück. Der Prophet, der zuvor von Gottes Macht umgeben war, wünscht sich nun zu sterben: „Es ist genug. So nimm nun Herr, meine Seele.“ Unter einem Wachholderstrauch legt er sich nieder und schläft ein.

Solche Resignation, solche depressive Stimmung finde ich in der Zeit der Coronamaßnahmen in manchen Gesprächen wieder. Menschen leiden unter der sozialen Distanz, die allein Lebende besonders einsam werden läßt. Mancher zieht sich einfach zurück, Andere entfalten hektische Aktivität. Fragen brechen auf nach Schuld und Chancen, nach Zuversicht und Zukunft, nach Sinn – und hinter all den Fragen steht immer wieder die Frage nach dem Gott, nach dem Urgrund, dem sich unser Leben verdankt und in dem es besteht. Ob man diese Fragen bedrängend und herausfordernd stellt oder sie in sich verbirgt – sie sind doch da und verlangen nach einer Antwort.

Elia entzieht sich der Antwort. Er will schlafen, er will aus dem Leben ent-schlafen. Das läßt Gott nicht zu. Sein Engel richtet den Propheten auf – doch nicht als eine zarte Lichtgestalt, sondern als ein Bote, der mit neuer Forderung an Elia herantritt: „Steh auf und iss! Denn du hast einen weiten Weg vor dir!“ Das heißt: entgleite dir nicht selbst, lass dich nicht fallen und in Sinnlosigkeit versinken. Stärke dich für das Kommende, stärke dich für einen Weg, für deinen Weg.

Vierzig Tage lang wird Elia gehen müssen. Es ist die Zeit der Vorbereitung, eine Vorbereitung, nachdem Elia schon soviel getan und erreicht und doch wieder verloren hat, eine Vorbereitung zur entscheidenden Begegnung mit Gott. – Ob uns die erzwungene Ruhe der Corona-Maßnahmen Chance zu einer solchen Vorbereitungszeit ist? Vierzig Jahre wanderte Israel durch die Wüste, um ins heilige Land zu gelangen, vierzig Tage fastete Jesus, bevor Er Seinen Dienst an den Menschen antrat, vierzig Tage war der Auferstandene mit Seinen Jüngern zusammen und rüstete sie aus, das Evangelium bis an die Enden der Erde zu tragen.

Vierzig Tage ist Elia unterwegs bis zum Berg Gottes. Hier wird ihm Gott begegnen, nicht in den Zeichen von Macht, Gericht und Größe, nicht im Sturm, im Erdbeben oder im Feuer. Gott naht sich dem Propheten im sanften Säuseln des Windes, in der „Stimme eines verschwebenden Schweigens“, wie Martin Buber es ausdrückt.

Aus dieser Begegnung mit dem ganz anderen Gott schöpft Elia neuen Mut und neue Gewißheit für sein prophetisches Tun. Mit ihr kehrt er zurück, um mit ganzer Vollmacht Gottes Wort zu verkünden, nicht länger tod-müde und verzweifelnd.

Steh auf und iss! Denn du hast einen weiten Weg vor dir! – Lassen wir uns von Gottes Engel auf den Weg rufen, den Gott mit uns gehen will, den Weg des Lebens und der Zuversicht, den Weg des Glaubens und des Hörens auf Gottes Stimme, den Weg der Liebe und der Hoffnung.

Schmieden für den Frieden

Die wärmeren Tage sind angebrochen, in diesem Frühjahr fast zu warm. Schon melden sich sorgenvolle Gedanken, ob es in diesem Jahr wieder so trocken werden würde, wie in den vergangenen Jahren. Das Frühjahr war in den vergangenen Jahren immer wieder einmal eine gute Zeit für ungewöhnliche Aktionen in unserem Gemeindeleben, die, wie so vieles Andere, in den Zeiten der Krise nicht stattfinden werden.

Außerhalb von Kettenbach findet sich in den Feldern die Schmiede von Rüdiger Schwenk. Hier werden Schmiedekurse durchgeführt, vor dem lodernden Feuer der Essen lernt man es, mit Hammer und Schmiedezange umzugehen. Rüdiger Schwenk engagiert sich darüber hinaus aber auch immer wieder in besonderen Aktionen.

Schon vor einigen Jahren hatte er mich eingeladen, beim „Rosenschmieden" mitzumachen. Aus Flacheisen entstehen dabei formschöne stählerne Rosen. In mehreren Aktionen stellte Schwenk mit Menschen aus der Region und darüber hinaus solche Rosen, die dann mit vielen anderen solchen Rosen aus allen Teilen der Welt zum Denkmal der Opfer von Utoya vereinigt wurden.

Schmieden macht Freude, das hatte ich erfahren und war in einem Folgejahr mit meinen Konfirmanden in der Schmiede. Diesmal sollten es Friedenstauben werden, die wir zu einer schönen Plastik zusammenstellten. Wir nahmen sie mit in den Gottesdienst der Gemeinde. Dann wurden sie nach Donezk versandt, wo ein Schmied in der umkämpften Ukraine die Schmiede der Welt gebeten hatte, Zeichen des Friedens zu senden.

Inzwischen hat Rüdiger Schwenk für seine Projekte prominente Unterstützung gefunden. Der bekannte Schauspieler Heinz Hönig, selbst ein „Hobby-Schmied", machte die Kettenbacher Schmiede zu einem Zentrum seiner Aktion „Schmieden für den Frieden". Wir hoffen darauf, daß „nach Corona" wieder Zeit für solche Aktionen sein wird, die der Welt Hoffnung schenken.

Aus der Arbeit in der Schmiede entstand ein besonderes Geschenk des Schmiedes für unsere Kirche: ein handgeschmiedetes Kreuz, durch das sich eine Rose hindurchwächst, ein Bild von Tod und Auferstehung.

Kleiner Gottesdienst zu Hause am Fest der heiligen Dreifaltigkeit

Im Namen des Vaters und des Sohnes und des Heiligen Geistes. Amen.

Gebet: Ewiger, dreieiniger Gott, Du hast uns erschaffen, erlöst und geheiligt: Erleuchte uns, daß wir das Geheimnis Deines Wesens erkennen und im Glauben bewahren, bis wir Deine Herrlichkeit schauen von Angesicht zu Angesicht. Wir bitten durch Christus, deinen Sohn, der mit Dir und dem Heiligen Geist ein wahrer Gott lebt und regiert von Ewigkeit zu Ewigkeit. Amen.

Wochenlied: Gelobet sei der Herr – EG 139

Predigttext: 4. Mo. 6,22-27

Der HERR redete mit Mose und sprach: Sage Aaron und seinen Söhnen und sprich: So sollt ihr sagen zu den Israeliten, wenn ihr sie segnet: Der HERR segne dich und behüte dich; der HERR lass Sein Angesicht leuchten über dir und sei dir gnädig; der HERR hebe Sein Angesicht über dich und gebe dir Frieden. So sollen sie Meinen Namen auf die Israeliten legen, daß Ich sie segne.

Liebe Schwestern und Brüder,
„Lob sei der Dreieinigkeit! / Sie ist Klang und Leben, / Schöpferin des Alls, Lebensquell von allem, / Lob der Engelscharen, / wunderbarer Glanz all des Geheimen, / das den Menschen unbekannt, / und in allem ist Sie Leben.“ So besingt Hildegard von Bingen das Mysterium der Dreifaltigkeit.

Der eine, unbegreifliche Gott, der in einem Licht wohnt, da keiner kommen kann, offenbart sich uns als Vater, Sohn und Heiliger Geist. Aus drei Angesichtern blickt uns der eine Gott an. Mit den Mitteln menschlicher Vernunft können wir in dieses Geheimnis nicht eindringen. Der aaronitische Segen, jene Worte, mit denen der Hohepriester das Volk Gottes segnen sollte, bieten unserem Nachdenken und Einfühlen dennoch einen Zugang.

„Der HERR segne dich und behüte dich" – der Schöpfer, der uns das Leben geschenkt hat, will dieses Leben in Seine Hut nehmen. Er will uns bewahren und aus der Not heraus zu neuem Leben führen, wie es der 23. Psalm im Bild vom guten Hirten beschreibt. Von diesem guten Hirten lassen wir uns in die Hut nehmen. Er hält unser Leben in Seinen Händen und stärkt unser Vertrauen. Wir bekennen vor Ihm mit den Worten Paul Gerhards: „Ach Hüter unsers Lebens / fürwahr, es ist vergebens / mit unsrem Tun und Machen, / wo nicht Dein Augen wachen."

„Der HERR lasse Sein Angesicht leuchten über dir und sei dir gnädig" – nicht unsere Glaubenskraft, nicht die Stärke unserer Liebe und unserer Hoffnung bewahren uns auf Gottes Weg. Gerade wenn uns eine Zeit der Krise betrifft, wenn wir in Angst geraten, wenn wir uns ohnmächtig und in Sorge sehen, wird uns Gottes Gnade zugesagt. Sie begegnet uns in unserem Heiland Jesus Christus, der sagt: „Kommt her zu Mir alle, die ihr mühselig und beladen seid; Ich will euch erquicken" (Mt. 11,28). Gottes Gnade will uns nicht lassen, auch wo wir auf falsche Wege geraten. Da macht sich der gute Hirte auf und findet Sein verlorenes Schaf. Auf den Schultern trägt Er es zurück zu seiner Herde – so zeigen es die ältesten Christus-Darstellungen aus der dunklen Zeit der Verfolgung und der römischen Katakomben.

„Der HERR erhebe Sein Angesicht über dich und gebe dir Frieden" – Gottes leuchtendes Angesicht erhebt sich über uns und nimmt uns in Sein Licht. Durch Seinen Geist erleuchtet Gott unseren Weg, bewahrt uns im Glauben, gibt unserer Hoffnung Sein Ziel und weist uns in der Liebe zum Dienst an unserem Nächsten. So wird der empfangene Segen weitergeben und vermehrt sich wie das Sonnenlicht des frühen Morgens.

Spricht der Liturg am Ende des Gottesdienstes den Segen, so breitet er die Hände über die Gemeinde aus. Der Segen soll den Menschen, die zu Gebet, Gottes Wort und Sakrament zusammenkommen sind, aufgelegt werden wie eine schützende Decke.

Schließlich bezeichnet der Liturg die Gemeinde mit dem Zeichen des Kreuzes und ein jeder kann dieses Zeichen für sich übernehmen und damit den Segen für sich annehmen. Es ist das Zeichen, das Himmel und Erde miteinander verbindet, das Zeichen unter dem uns die Last der Erde mit unserer Schuld genommen wird und wir zu Bürgern des Himmelreichs geworden sind, das Zeichen, in dem der Tod besiegt und das Leben erschienen ist. Es täte uns Protestanten gut, dieses erfahrbare Zeichen ohne falsche Scheu wieder einzuüben und uns so körperlich in das Zeichen des Segens zu stellen.

Der dreifaltige Gott, Vater, Sohn und Heiliger Geist, gibt uns im Segen Anteil an Seinem Leben, erfüllt unser Leben mit Seiner Kraft und Gegenwart: Gott Vater, Sohn und Heilger Geist, / o Segensbrunn, der ewig fleußt: / durchfließ Herz, Sinn und Wandel wohl, / mach uns Deins Lobs und Segens voll! Amen.

Fürbitten: Laßt uns beten zum lebendigen und dreifaltigen Gott, dessen Geheimnis unser Begreifen übersteigt: Herr, erhöre uns.

Schöpfer der Welt: Bewahre diese Erde und das Leben der Menschen. Schenke Frieden zwischen den Völkern. Lenke, die Macht und Verantwortung tragen, daß sie dem Leben dienen und schützen, was du geschaffen hast. Wir rufen dich an: Herr, erhöre uns.

Herr deiner Kirche. Erwecke neues Leben in Deinem Volk, daß wir eintreten für Recht und Wahrheit, für Liebe und Versöhnung. Sei mit allen, die den Menschen Dein Geheimnis bezeugen. Wir rufen Dich an: Herr, erhöre uns.

Geist der Liebe und der Wahrheit. Hilf allen, die auf der Suche sind nach Sinn und Zukunft für ihr Leben. Schenke ihnen das Licht des Glaubens, entzünde in ihrem Herzen das Feuer Deiner Liebe, befreie sie von der Angst und gib ihnen Hoffnung. Wir rufen Dich an: Herr, erhöre uns.

Gott des Lebens. Dir vertrauen wir unsere Verstorbenen an; gib uns mit ihnen Anteil an der Freude Deiner Heiligen. Wir rufen Dich an: Herr, erhöre uns.

Höre uns, dreieiniger Gott, und erhöre uns; Dein Erbarmen preisen wir heute und in alle Ewigkeit. Amen.

Vater unser …

Es segne und behüte uns der allmächtige und barmherzige Gott, Vater, Sohn und Heiliger Geist. Amen.

Gelebte Ökumene

An jedem Abend um 19.30 Uhr erklingen die Glocken der katholischen und der evangelischen Kirchen in unseren Dörfern. Sie rufen zum gemeinsamen Gebet in der Zeit der Pandemie. Da bricht etwas durch, das die eine Kirche Jesu Christi erkennen läßt.

Unser Gemeindeleben ist aber auch außerhalb dieser Zeit immer wieder von ökumenischen Begegnungen geprägt. Gottesdienste bei Dorf- und Vereinsfesten gestalten wir, wenn es irgend geht, gemeinsam. Mit Pfarrer Martin Meuser, der im vergangenen Jahr in den Ruhestand ging, verband mich eine im besten Sinne (amts-)brüderliche Beziehung. Er stieß von sich aus immer wieder an: „Was können wir gemeinsam tun?“

Es gab ökumenische Bibelwochen und gemeinsam Andachten in Advent- und Passionszeit. Eine Maiandacht in Daisbach feierten wir immer gemeinsam mit einer „evangelischen Marienpredigt“.

In seinem letzten Jahr in der Gemeinde sagte Pfarrer Meuser nach einer solchen Marienvesper: „Eigentlich müßten wir auch Fronleichnam miteinander feiern!“ eine evangelische Fronleichnamspredigt – warum eigentlich nicht?

Ich fand eine volle Daisbacher Kirche und eine festlich gestimmte Gemeinde vor. Ich konnte von dem gemeinsamen Herrn Jesus Christus sprechen, der sich uns in der Feier des Heiligen Mahles in die Hände und in die Herzen legt. Ich konnte die Fronleichnamsprozession als das Bekenntnis der Gemeinde deuten, die Christus zu den Menschen trägt.

An Gottesdienst und Prozession schloß sich eine kleine Feier im Garten um die Kirche an. Es ergaben sich frohe Gespräche. Man konnte sich noch daran erinnern, wie man sich früher gerade an solchen Feiertagen gegenseitig ausgeschlossen hatte, wie eine Konfession geringschätzig auf die andere herabsah. Diese Zeiten sollten vorbei sein! Die gemeinsame Freude des Glaubens, die gemeinsame Verantwortung für die Welt von heute muß zu immer mehr gemeinsamem Hören und Beten, gemeinsamem Feiern und gemeinsamem entschlossenem Handeln führen.

Kleiner Gottesdienst zu Hause am ersten Sonntag nach Trinitatis

Im Namen des Vaters und des Sohnes und des Heiligen Geistes. Amen.

Gebet: Allmächtiger, ewiger Gott, Du hast uns Deinen Willen kundgetan im Wort der Apostel und Propheten. Gib uns Deinen Geist, daß wir Deinen Weisungen folgen und das ewige Leben gewinnen. Wir bitten durch Jesus Christus, unseren Herrn; mit Dir und dem Heiligen Geist rühmen und loben wir Ihn in alle Ewigkeit. Amen.

Wochenlied: Von Gott will ich nicht lassen – EG 365

Predigttext: Apg. 4,32-37
Die Menge der Gläubigen war ein Herz und eine Seele; auch nicht einer sagte von seinen Gütern, daß sie sein wären, sondern es war ihnen alles gemeinsam. Und mit großer Kraft bezeugten die Apostel die Auferstehung des Herrn Jesus, und große Gnade war bei ihnen allen. Es war auch keiner unter ihnen, der Mangel hatte, denn wer von ihnen Land oder Häuser hatte, verkaufte sie und brachte das Geld für das Verkaufte und legte es den Aposteln zu Füßen; und man gab einem jeden, was er nötig hatte. Josef aber, der von den Aposteln Barnabas genannt wurde – das heißt übersetzt: Sohn des Trostes – ein Levit, aus Zypern gebürtig, der hatte einen Acker und verkaufte ihn und brachte das Geld und legte es den Aposteln zu Füßen.

Liebe Schwestern und Brüder,
Das Bild, das uns die Apostelgeschichte von der Urgemeinde zeichnet, stellt eine ideale Gemeinschaft dar. Man ist füreinander da, „ein Herz und eine Seele". Man lebt in einer besonderen Form der Gütergemeinschaft, in der niemand Mangel leiden soll. Noch in der nachfolgenden Zeit der Christenverfolgungen konnte man die Gemeinden für ihre Liebestätigkeit und ihren Zusammenhalt rühmen.

Genauso früh erfuhr die Kirche aber auch schon Spaltung, Unbrüderlichkeit und Streit. Schon in den apostolischen Briefen des Neuen Testamentes ist deutlich, wie Christen sich voneinander abgrenzten, sich gegenseitig den rechten Glauben absprachen und ihre Gemeinschaft aufkündigten. Bis zum heutigen Tag erscheint das Bild der Christenheit in bunter Vielfalt und allzu oft in zerstrittenem Widereinander, das vom Ideal der Apostelgeschichte nichts mehr zu haben scheint. In vielen Familien kennen wir die Geschichten von den Zerwürfnissen, die entstanden, wo die Liebe der Menschen die Grenzen der Konfessionen überschritt.

Das Idealbild der Apostelgeschichte kann uns den Blick dafür öffnen, wie über die konfessionellen Grenzen und alles Trennende hinweg dennoch ein Weg zueinander gesucht und gefunden werden kann. Dabei geht es heute wie damals um eine Lebensfrage der Kirche. Ihre Zukunft liegt in der ökumenischen Weite des Glaubens und nicht in der selbstzufriedenen Beschränktheit der Kirchentümer. Die Zukunft der Kirche ist ökumenisch oder sie ist nicht.

„Mit großer Kraft bezeugten die Apostel die Auferstehung des Herrn Jesus“ – da ist das Zentrum der Kirche Jesu Christi, im Wort des Evangeliums. Die Apostel bezeugen Jesus Christus als den Herrn, der die Sünde und den Tod besiegt hat und zum Leben auferstand. Die Christen sind darum eine Gemeinschaft, die durch das Blut Christi erlöst, durch Seine Auferstehung befreit und zur Hoffnung berufen ist. Was wir sind, wurde uns geschenkt, ohne all unser Verdienst. Das soll uns dankbar und frei machen. Das läßt uns die Menschen neben uns, die vom gleichen Vater im Himmel geliebt, vom gleichen Herrn Jesus Christus erlöst und vom gleichen Heiligen Geist beschenkt sind, als Brüder und Schwestern erkennen.

Das Wort des Evangeliums sollen wir gemeinsam hören und uns im Gebet zusammenschließen. Wer sich gemeinsam vor dem einen Gott beugt, der steht nicht gegeneinander auf, der weiß sich in der einen Hand dessen geborgen, der Himmel und Erde geschaffen hat. Wer sich in Demut mit allem Guten von Gott beschenkt weiß, der erhebt sich nicht und sagt: „Ich gehöre dazu und du nicht!“ Der nimmt den Anderen mit vor Gott und bittet darum, daß alles Trennende abgetan werde und unser Ungehorsam vor Gott, der uns in Konfessionen und Gruppierungen zertrennt hat, vergeben werde.

Christus ruft uns an Seinen Tisch, daß wir Ihn in, mit und unter den Gestalten von Brot und Wein empfangen. ER lädt uns ein – wie könnten wir einander ausschließen? Empfangen wir gemeinsam Seine Gaben, so zählt nicht, wer die richtige Meinung vertritt, die höhere Moral lebt oder das größere Ansehen genießt. Es zählt allein Christus und wir miteinander und füreinander in Ihm.

Die Macht der Liebe neu vereint, / was heute noch geschieden scheint. / Im Dienst des Herrn ist niemand feind. Halleluja. – Nach Gottes Willen wird geschehn, / daß wir vereint die Kirche sehn, / bereit zu neuem Dienst zu gehn. Halleluja.

Amen.

Fürbitten: Herr Jesus Christus, durch Dich gibt Gott uns alle guten und vollkommenen Gaben, darum bitten wir und rufen: Herr, erbarme Dich.

Du hast Deinen Jüngern verheißen, Deine Zeugen zu sein bis an die Enden der Erde. Gib allen, die Deine Kirche leiten und lehren, Glaubwürdigkeit und Klarheit in ihren Worten und Taten. Wir rufen zu Dir: Herr, erbarme Dich.

Du hast frei und ohne Scheu geredet vor der Welt. Gib allen, die Einfluss haben auf die öffentliche Meinung, den Mut, auch unbequeme Wahrheiten auszusprechen. Wir rufen: Herr, erbarme Dich.

Du hast uns geboten, einander zu lieben. Hilf uns, daß wir Worte füreinander finden, die klären, entlasten und ermutigen. Wir rufen zu dir: Herr, erbarme Dich.

Du hast geschwiegen, wo Worte nichts mehr ausrichten. Sei mit denen, die zum Schweigen verurteilt sind. Gib ihnen Geduld und die Hoffnung, daß ihr Leiden nicht vergeblich ist. Wir rufen: Herr, erbarme Dich.

Du gibst uns die Freiheit, in Deinem Namen zum Vater zu beten. Schenke allen, die keine Worte mehr finden, neues Vertrauen, daß sie sagen, was sie belastet und was sie beglückt. Wir rufen: Herr, erbarme Dich.

Herr Jesus Christus, Dir vertrauen wir unsere Gebete und unser ganzes Leben an, heute und in alle Ewigkeit. Amen.

Vater unser …

Es segne und behüte uns der allmächtige und barmherzige Gott, Vater, Sohn und Heiliger Geist. Amen.

Musik

Wie sehr fehlt uns in dieser Zeit das gemeinsame Singen! Unser zuverlässiger Organist Michael Wöll ist Sonntag um Sonntag da, so daß wir nicht den

Orgelklang entbehren müssen. Doch die Gemeinde bleibt fast stumm – bis auf die gesprochene Liturgie.

Dabei ist uns die Musik in unsere Kirchengemeinde so wichtig. Unser engagierter Kirchenchor unter der Leitung meiner Frau bringt sich oft in die Gottesdienste ein und ist immer wieder bei der „Stunde der Kirchenmusik“ dabei, in der in den vergangenen Jahren Vieles und Vielfältiges an musikalischen Erlebnissen zusammenkam.

Dabei unterstützt uns auch immer wieder einmal Antonius Müller, der in Kettenbach seine Meisterwerkschaft für Gitarrenbau betreibt. Handgefertigte Meisterstücke gehen von hier aus in alle Welt. Künstler aus Deutschland, Tschechien, Bulgarien, Italien, China und den USA traten so in unserer Kirche auf, um „die neue Gitarre klingen zu lassen“ – und manchmal konnten wir sagen: „Das letzte Konzert war in der Carnegie-Hall“.

Besondere Höhepunkte sind die inzwischen jährlich stattfindenden Konzerte des Duos Liaisong. Dunja und Jörg Nassler-Averdung kommen von der Ostsee zu uns und schenken uns Lieder zu Gitarre und Percussion, die Fröhlichkeit, Nachdenklichkeit und großen Tiefgang zugleich haben.

In der Coronazeit fühlen wir uns den Beiden besonders verbunden. Sie leben von ihrer Kunst und konnten über Wochen nicht auftreten. Da ist schon das „Überleben“ Kunst.

Kleiner Gottesdienst zu Hause am 2. Sonntag nach Trinitatis

Im Namen des Vaters und des Sohnes und des Heiligen Geistes. Amen.

Gebet: Herr, unser Gott, Du lädst uns ein zur Gemeinschaft mit Dir. Öffne unsere Herzen, daß wir Deinen Ruf hören. Öffne unsere Augen, daß wir erkennen, was Du uns schenken willst, hier und einst beim Gastmahl in Deinem ewigen Reich. Wir bitten durch Deinen Sohn Jesus Christus, unsern Herrn. Amen.

Wochenlied: Kommt her, ihr seid geladen – EG 213

Predigttext: Mt. 11,25-30
Jesus sprach: Ich preise Dich, Vater, Herr des Himmels und der Erde, daß Du dies Weisen und Klugen verborgen hast und hast es Unmündigen offenbart. Ja, Vater; denn so hat es Dir wohlgefallen. Alles ist Mir übergeben von Meinem Vater, und niemand kennt den Sohn als nur der Vater; und niemand kennt den Vater als nur der Sohn und wem es der Sohn offenbaren will. Kommt her zu Mir, alle, die ihr mühselig und beladen seid: Ich will euch erquicken. Nehmt auf euch Mein Joch und lernt von Mir; denn Ich bin sanftmütig und von Herzen demütig; so werdet ihr Ruhe finden für eure Seelen. Denn Mein Joch ist sanft und Meine Last ist leicht.

Liebe Schwestern und Brüder,
Beladene und bedrückte Menschen, ängstlich besorgt um die Einhaltung von Schutzkonzepten oder ungehalten über den Fortgang der Maßnahmen – sie begegnen uns in diesen Tagen immer wieder. Belastung, Sorge, aber auch Ärger sind in uns selbst. Sie sind ein Teil unseres Lebens, nicht nur in „Corona-Zeiten".

Solche Leute ruft Christus zu sich, die Mühseligen und Beladenen, nicht die Siegertypen, die Glaubenshelden und moralisch Einwandfreien, die schon alles wissen und alles richtig machen. Mit weit ausholender Gebärde spricht Er Seinen Ruf aus. Es ist nicht die Gebärde des Marktschreiers, der seine Waren feilbietet.

Christus spricht als der von Gott gesandte Messias, der ewige König, der Sein Volk beruft.

Dieser König ist nicht der Herrscher, der seine Truppen aufbietet, nicht der Gewaltige, der eine Heeresschau seiner Macht veranstaltet. Wie der Gottesknecht im Buch des Propheten Jesaja, so wendet sich Christus als der Sanftmütige an die Menschen, die einen Heiland brauchen, die sich nach der Gnade sehnen, die ihre Lasten trägt und ihrem Herzen Ruhe schenkt. Wie Jesaja es verkündigt hat, wird Er ihre Missetat auf sich nehmen und für ihre Sünde zerschlagen sein, die Strafe liegt auf Ihm, damit wir Frieden hätten und durch Seine Wunden sind wir geheilt.

Das ist der Logik unserer Welt nicht verständlich. Sie erwartet keine Zukunft von einem, der sich aufs Kreuz legen läßt, dessen Macht in der Ohnmacht verborgen ist, der sich wehrlos in die Hände Seiner Feinde gibt. Unsere Welt schafft sich die Sicherheit der Macht, des Geldes, der Wissenschaft. Die Verletzlichkeit der Liebe hat wenig Raum. Den Weisen und Klugen bleibt der Ratschluß Gottes verborgen.

Doch was die Klugheit der Welt nicht ergreift, das hat Gott den „Unmündigen" offenbart. Es sind die Armen, die Sanftmütigen, die Geringen vor der Welt, die Christus immer wieder die Seligen nennt. Jene, die vor der Welt gering geachtet werden, bezeugen Christus als ihren Herrn und Erlöser. Sie jubeln Ihm entgegen, als Er in Jerusalem einzieht. Die ganze Fülle der Gnade Gottes offenbart sich gerade an ihnen, die Gott nichts zu bringen haben, was sie Seiner Gnade würdig machte. Das Wesen des sanftmütigen und barmherzigen Jesus selbst spiegelt sich in ihnen. Die Weisheit der Weisen aber wird zunichte und der Verstand der Verständigen geht in die Irre (1. Kor. 1,19f).

Es ist der Kirche Christi immer wieder schwer gefallen, diese Weite der göttlichen Barmherzigkeit zu spiegeln. Immer wieder neigte und neigt sie dazu, den Menschen eine Lehre oder eine moralische Unterweisung zu erteilen, ihre Predigt in den Vordergrund zu stellen und alsbald auf die eigene Weisheit zu vertrauen.

Wir sollen Christi Wort hören, das Evangelium unter uns laut werden lassen. In der Predigt soll es erklingen und vom Klang des Liedes getragen sein. Der Demut der „Unmündigen“ und „Geringen“ aber begegnet Christus selbst im heiligen Mahl. Über alles Bitten und Verstehen, über alle deutende und erschließende Vernunft empfangen wir die Himmelsspeise, die Medizin der Unsterblichkeit, Christus selbst in, mit und unter Brot und Wein. Es ist der Ruf des Heilands, der uns an Seinen Tisch lädt: „der Erd und Himmel lenkt, will Gastmahl mit euch halten / und wunderbar gestalten, / was Er in Liebe schenkt“.

Auch in der Zeit der Corona-Pandemie wollen wir Wege finden, der Einladung Christi zu folgen und Sein Mahl zu feiern. Christus lädt ein – wie sollten wir Seiner Einladung nicht folgen? Amen.

Fürbitten: Gott, unser Vater, dein Sohn ist gekommen, um alle Menschen einzuladen zum Fest des Lebens. Durch Ihn bitte wir Dich: Herr, erbarme Dich.

Segne alle, die im Dienst der Kirche stehen, ihren Worten und ihrem Tun gib Kraft, daß die Menschen Deine Einladung hören und ihr folgen. Wir rufen zu Dir: Herr, erbarme Dich.

Gib den Männern und Frauen, die Verantwortung tragen in Politik und Wirtschaft, den Mut einzutreten für Gerechtigkeit und Frieden. Wir rufen zu Dir: Herr, erbarme Dich.

Schenke uns Weisheit, daß wir nach Deinem Willen fragen; gib uns Phantasie der Liebe, daß wir sehen, wie wir Not wenden und Leid lindern können. Wir rufen zu Dir: Herr, erbarme Dich.

Führe unsere Verstorbenen zum Festmahl des ewigen Lebens und vollende uns einst mit ihnen in Deinem Reich. Wir rufen zu Dir: Herr, erbarme Dich.

Gott und Vater, Dein Sohn hat uns die Tür zum Leben geöffnet. Durch Ihn loben wir Dich in der Gemeinschaft Deiner Heiligen, heute und in alle Ewigkeit. Amen.

Vater unser …

Es segne und behüte uns der allmächtige und barmherzige Gott, Vater, Sohn und Heiliger Geist. Amen.

Ausblick

Niemand kann uns sagen, wie lange wir noch mit der Pandemie umgehen müssen. Wie wird sich die Lage nach den Sommerferien entwickeln? Bringt uns der Herbst eine zweite Welle mit neuen Einschränkungen? Vieles liegt am verantwortlichen und achtsamen Handeln der Einzelnen.

Die Reihe „kleiner Gottesdienst zu Hause" wird in meiner Gemeinde bis zum Ende der Maßnahmen weitergeführt. Als Gemeinde haben wir gespürt, wie sehr wir die Feier der Gottesdienste brauchen. Sie erinnern uns an unsere Identität als Kirche Jesu Christi, sie stärken uns Glaube, Liebe und Hoffnung. Sie verbinden uns mit dem Herrn der Kirche und untereinander.

Mit diesem Bändchen möchte ich etwas von dem erfahrenen Segen gemeinsamen Lebens im Glauben an Sie weitergeben. In der Pandemie und darüber hinaus wünsche ich Ihnen: Bleiben Sie behütet! Halten Sie dem Gottesdienst die Treue. Das wird Ihrem Alltag die Mitte geben, aus der Ruhe und Zuversicht fließen. So lebt es die Kirche seit zwei Jahrtausenden.

Es grüßt Sie der „Dorfpfarrer", Heiko Wulfert

Inhalt

Printed by Books on Demand GmbH, Norderstedt / Germany